rororo sport
Herausgegeben von Bernd Gottwald

Elisabeth Sahre / Gudrun Pommerening

Basketball und Streetball ←－－－

Vom Anfänger zum Könner

Rowohlt

Originalausgabe
Redaktion Katrin Helmstedt

Veröffentlicht im Rowohlt Taschenbuch Verlag GmbH, Reinbek bei Hamburg, Juli 1995
Copyright © 1995 by Rowohlt Taschenbuch Verlag GmbH, Reinbek bei Hamburg
Umschlaggestaltung Peter Wippermann / Jürgen Kaffer (Foto Bongarts / Henning Harnisch)
Fotos Frank Rogall / Wolfgang Temme · Grafik Jörg Mahlstedt · Layout Iris Farnschläder
Lithografie Grafische Werkstatt Christian Kreher, Hoisdorf · Satz Minion und Syntax PostScript,
QuarkXPress 3.3 · Gesamtherstellung Clausen & Bosse, Leck · Printed in Germany
1690-ISBN 3 499 19424 4

Inhaltsverzeichnis

Streetball   167

Anhang

Basketball spielen können ←---

Das Spiel verstehen – situationsgerecht handeln

Wer als Basketballer erfolgreich sein will, darf nicht nur in konditioneller, koordinativer und technischer Hinsicht (Korbwurf, Korbleger, Dribbeln, Passen und Fangen, Stopp und Sternschritt) gut sein. Er muß zusätzlich seine Fähigkeiten *spielnah und situationsgerecht* einsetzen können (= taktische Fähigkeiten), das heißt, er muß immer wieder neue Lösungen für unterschiedliche Spielsituationen finden. So bleibt zum Beispiel ein Spieler mit einer guten Wurftechnik wenig effektiv, wenn er Schwierigkeiten hat, zu erkennen und zu entscheiden, in welcher Situation er frei auf den Korb werfen kann und wann er den Ball günstigerweise an einen besser postierten Mitspieler abgibt.

Das Konzept des vorliegenden Buches knüpft an diese Überlegungen an. Den Spielern soll von Anfang an vermittelt werden, in jeder Situation *spielnah und situationsgerecht* zu handeln. Das soll jedoch nicht bedeuten, daß zu Beginn zehn Spieler auf das Basketballfeld gestellt werden, ein Ball hochgeworfen und gleich 5 gegen 5 (5–5) gespielt wird. Vergleichbar wäre es, wenn ein Fahrlehrer seinen Schüler in der ersten Stunde in der «rush hour» gegen den Verkehr ankämpfen ließe oder man den Skianfänger bei seiner ersten Abfahrt in die Buckelpiste schicken würde. Vielmehr müssen einfache Bedingungen geschaffen werden, in denen die Anfänger mit dem Spiel vertraut gemacht werden.

Die «elf Schritte zum Könner» haben zum Ziel, Anfänger zu einem regelkonformen Spiel 5–5 zu befähigen. Das Zielspiel wird in einzelne – weniger komplexe – Situationen gegliedert, in denen die Spieler grundlegende Techniken (in der Grobform) in Anwendungssituationen erlernen und üben. Die Situationsarrangements stellen die Verbindung von Technik und Taktik her und beinhalten die Spielidee und die Spielstruktur des Basketballspiels. In den elf Einheiten werden die technischen und taktischen Anforderungen, ausgehend von der 1–0-Situation, systematisch und kontinuierlich erhöht (Abb. 3). Dabei stehen der Korbwurf und der Korbleger als mögliche Abschlußvarianten in jeder Einheit im Mittelpunkt, um die Motivation der Spieler zu wecken und/oder aufrechtzuerhalten. Es ist jedoch unrealistisch, nur Spielformen durchzuführen. Deshalb sind zwei Einschränkungen nötig:

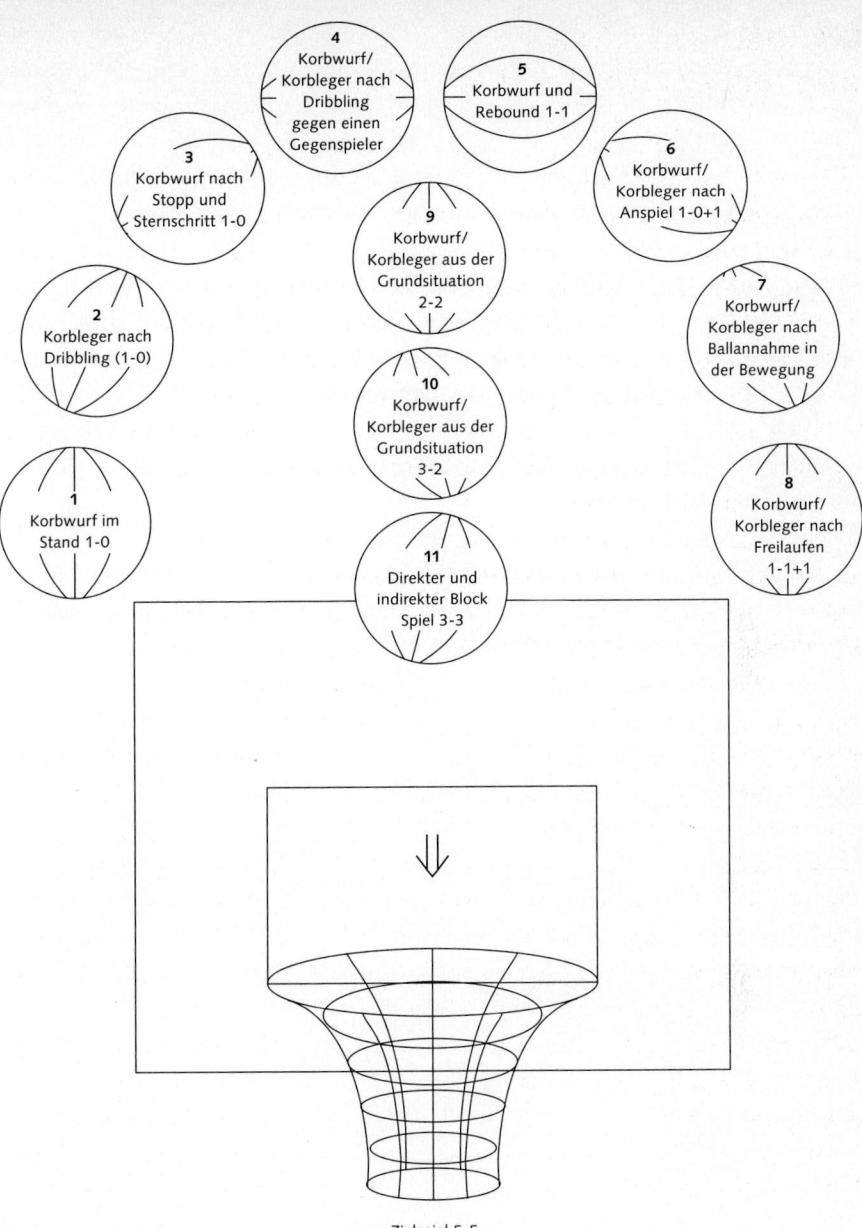

4 Korbwurf/ Korbleger nach Dribbling gegen einen Gegenspieler

5 Korbwurf und Rebound 1-1

3 Korbwurf nach Stopp und Sternschritt 1-0

6 Korbwurf/ Korbleger nach Anspiel 1-0+1

9 Korbwurf/ Korbleger aus der Grundsituation 2-2

2 Korbleger nach Dribbling (1-0)

7 Korbwurf/ Korbleger nach Ballannahme in der Bewegung

10 Korbwurf/ Korbleger aus der Grundsituation 3-2

1 Korbwurf im Stand 1-0

8 Korbwurf/ Korbleger nach Freilaufen 1-1+1

11 Direkter und indirekter Block Spiel 3-3

Zielspiel 5-5

Abb. 3: In elf Schritten zum Spiel 5–5

- Anfänger müssen die Grobform einiger Techniken beherrschen, damit überhaupt ein Spiel zustande kommen kann. Zu diesem Zweck werden in den Einheiten 1 bis 3 der Korbwurf und der Korbleger in mehreren Variationen ohne Gegner geübt.
- Zu einem späteren Zeitpunkt ist es zuweilen nötig, einzelne, schwierige Techniken herauszugreifen und intensiv zu üben (vgl. auch Techniktraining).

Die «speziellen Trainingsprogramme» zeigen, wie gezielt Koordination, Technik (u. a. Korblegervariationen, Dribbelfinten, Paßvariationen), Taktik (u. a. Mannschaftstaktik) und Kondition trainiert werden können. Dies erfolgt wieder unter den Gesichtspunkten *spielnah* und *situationsgerecht*.

Anschließend werden die komplexen «Spielregeln» auf das Notwendige reduziert und verständlich dargestellt.

Auf «Streetball», der Trendsportart vieler Jugendlicher, wird im letzten Kapitel eingegangen. Es bietet wichtige Informationen über die Sprache, das spezielle Regelwerk sowie die Streetball-Technik und -Taktik.

Der Einstieg in die Praxis

Jede Einheit beginnt mit Begründungen zur Auswahl der jeweils zu erlernenden Technik sowie wichtigen praxisbezogenen Hinweisen. Im Anschluß daran erfolgt die *Technikbeschreibung*. Diese unterscheidet sich insofern von den Technikbeschreibungen anderer Basketballstandardwerke, als daß sie lediglich die unbedingt notwendigen Technikmerkmale enthält. Variable Elemente werden dann beschrieben, wenn es sich um *Technikvariationen* handelt (s. Techniktraining). Entscheidende *Fehler* werden genannt, wobei unbedingt zwischen Fehlern und Ausführungsvarianten zu differenzieren ist! Wichtig ist, daß der Lehrer, Trainer oder Übungsleiter durch angemessene Fehlerkorrekturen verhindert, daß sich falsche Bewegungen verfestigen. Er sollte erst dann die nächste Einheit beginnen, wenn die Grobform der Technik der vorausgegangenen Einheit beherrscht wird. Falls die Spieler Probleme mit bestimmten Techniken haben oder Schwierigkeiten in den Anwendungssituationen auftreten, ist es unter Umständen nötig, einzelne Techniken oder taktische Verhaltensweisen durch zusätzliche spezielle Übungen zu schulen. Der *mögliche Stundenverlauf* ist für ca. 90 Minuten konzipiert. Eine Unterteilung (z. B. in Einzelstunden) kann problemlos vorgenommen werden.

Die Einheiten sind in Schule, Hochschule und im Verein erprobt worden, können jedoch jederzeit ergänzt und/oder verändert werden. Zu diesem Zweck befinden sich im Anschluß an jede Einheit *weitere Übungen*. Für Anfänger zu schwierige oder besonders konditionell beanspruchende Übungen sind mit [F] oder [K] gekennzeichnet.

Die Vorschläge zum Aufwärmen und Stundenausklang können variiert werden. So kann es beispielsweise sinnvoll sein, bei koordinativ schwachen Schülern ein Aufwärmprogramm mit dem Schwerpunkt Koordinationsschulung durchzuführen. Ebenso sollte man im Hochschulbereich bereits von der ersten Einheit an 5–5 spielen, da den Studenten das Basketball-Wettkampfspiel in der Regel bekannt ist.

Zu viele Spieler, zu wenige Basketbälle, nur zwei Körbe

Vor diesem Problem stehen Übungsleiter und Lehrer häufig. Deshalb liegt in diesem Buch ein Schwerpunkt in der Entwicklung alternativer Vorschläge, die eine hohe Bewegungsintensität für alle Spieler und somit Spaß am Basketballspiel garantieren.

1. Nach Möglichkeit sollte jedem Spieler ein Ball zur Verfügung stehen. Gibt es nicht genügend Basketbälle, können auch Volley-, Soft- oder Fußbälle benutzt werden (s. Koordinationstraining). Es muß natürlich darauf geachtet werden, daß ein Spieler zum Beispiel nicht ausschließlich mit einem Softball übt.

2. Steht nur ein Spielfeld mit zwei Korbanlagen zur Verfügung, kann durch entsprechende organisatorische Maßnahmen eine ausreichende Bewegungs- und Übungsintensität gewährleistet werden:

- Beispielsweise können die meisten Übungen gleichzeitig von der rechten und linken Seite beider Spielfeldhälften ausgeführt werden. Hierbei werden zusätzlich Wahrnehmungsprozesse angeregt und geschult.
- Zudem wird für viele Übungen nur der Bereich unter den beiden Körben (Drei-Punkte-Raum) benötigt. In solchen Fällen können zusätzliche Übungen im Bereich des Mittelkreises durchgeführt werden.
- An der Hallenwand werden Quadrate (40 x 40 cm) in 3,05 m Höhe abgeklebt. Diese können als Zielfelder bei der Korbwurfschulung verwendet werden.

3. In der abschließenden Spielphase können bei ungünstigen räumlichen Voraussetzungen (es steht nur ein Spielfeld zur Verfügung) nicht alle Spieler gleichzeitig am Spiel teilnehmen. Um zu vermeiden, daß zu viele Spieler unbeteiligt herumsitzen, sind folgende organisatorische Maßnahmen sinnvoll:

- Es wird nach Streetballregeln jeweils auf einen Korb gespielt (5–5, bei mehreren Korbanlagen 3–3, 4–4 oder Spiele mit Überzahlspieler 3–3+1, 4–4+1).
- Nicht am Spiel teilnehmende Spieler übernehmen Schiedsrichtertätigkeiten. Zu diesem Zweck muß das Regelwerk auf das Wesentliche reduziert (s. auch S. 21) und die abzupfeifenden Regelübertretungen allen Spielern (z. B. an einer Tafel) zuvor erklärt werden.
- Spieler, die aussetzen, beobachten das Spiel nach vorher festgelegten Kriterien. Eine Aufgabe könnte lauten, bei einer Mannschaft oder bei ausgewählten Spielern Ballkontakte, Korbwürfe und Regelübertretungen («Pfiffe gegen») in einer vorgefertigten Tabelle einzutragen. Eine anschließende Auswertung kann erfol-

gen, indem die jeweiligen Häufigkeiten beider Mannschaften verglichen werden.

4. Bei Anfängern ist es sinnvoll, feste Mannschaften zu bilden. Die Spieler können sich aufeinander einstellen, vor allem schwächere Spieler werden dadurch besser integriert.

5. Für jüngere, vor allem kleinere und schwächere Spieler, die Probleme haben, den Basketball in den 3,05 m hohen Korb zu werfen, können anfangs Vereinfachungen getroffen werden:
    - Verwendung von Minibasket- oder leichteren Bällen;
    - Verringerung der Zielhöhe mittels höhenverstellbarer Korbballständer sowie aufgeklebter Zielfelder.

6. Anfänger besitzen häufig nicht die motivationale Ausdauer, Übungen lange genug durchzuführen. Deshalb werden verschiedene Wettspiele vorgestellt, die attraktiv sind und gleichzeitig gewährleisten, daß einzelne Techniken geübt und wiederholt werden.

In elf Schritten zum Könner ←－－－

Das Spiel 5–5

Das Konzept zielt auf das Spiel 5–5 ab, das in jeder Einheit alternativ als Stundenabschluß vorgeschlagen wird. Deshalb werden folgende wesentliche Aspekte des Zielspiels erläutert.

Die Verteidigung

Im Basketball unterscheidet man zwei grundlegend verschiedene Verteidigungsformen, die wiederum in unterschiedlichen Variationen geübt oder auch gemischt gespielt werden können.

Im Anfängerbereich wird zuerst die *enge Mann-Mann-Verteidigung (M-M-V) ab Mittellinie* gelehrt. Die Verteidiger brauchen sich so nur auf einen Gegenspieler zu konzentrieren, haben also während des gesamten Spiels die Aufgabe, alle korbgefährlichen Aktionen des zugeteilten Spielers zu verhindern. Weitere Formen der Mann-Mann-Verteidigung, wie die sinkende Mann-Mann-Verteidigung oder die Mannpresse, sind für Anfänger zu schwer (siehe auch u. a. bei Hagedorn / Niedlich / Schmidt (1988) und Neumann (1990). Auch für den Angriff gibt es eindeutige Gründe, die enge Mann-Mann-Verteidigung der Ball-Raum-Verteidigung (B-R-V) vorzuziehen. Der Angreifer wird an Würfen aus der Distanz gehindert, es treten häufiger 1–1-Situationen auf, die der Angreifer mit Nahdistanzwürfen oder Korblegervariationen abschließen kann.

Die *Ball-Raum-Verteidigung* (vgl. auch Taktiktraining) dagegen verlangt eine Orientierung aller Spieler an Ball, Raum und Gegenspieler. Sie erfordert eine große Übersicht und eine gute Absprache aller Mannschaftsmitglieder, was Anfängern erfahrungsgemäß Probleme bereitet.

Die Grundhaltung ist bei beiden Verteidigungsformen gleich (Einheit 4 und 9).

Bei der engen Mann-Mann-Verteidigung hat jeder Spieler einen bestimmten Gegner, gegen den er ab der Mittellinie im Abstand von ein bis zwei Metern verteidigt. Die Anweisung lautet im Normalfall, in jeder Situation bei dem zugeteilten Gegenspieler zu bleiben, also keinen Wechsel mit einem Mitspieler vorzunehmen, damit nicht zum Beispiel ein kleiner Spieler nach einem Wechsel gegen einen ihm körperlich überlegenen Spieler verteidigen muß. Lediglich dann, wenn ein Angreifer überlaufen wird, müssen die anderen Verteidiger aushelfen.

Der Angriff

Gegen eine enge Mann-Mann-Verteidigung ist es aus Anfängersicht wichtig, möglichst variabel anzugreifen, das
heißt, durch zahlreiche Positionswechsel, verbunden mit häufigem Freilaufen
aller Spieler, muß «Bewegung ins Spiel
gebracht werden». Eine Grundaufstellung, in der den Spielern bestimmte Positionen zugeteilt werden, ist jedoch
sinnvoll, um den Spielern einen klar
definierten Aufgabenbereich zuzuteilen
und ungünstige Anfangsaufstellungen
(alle Spieler auf gleicher Höhe oder
derselben Seite) zu vermeiden.

Im vorliegenden Buch wird grundsätzlich von einer 1–3–1-Angriffsaufstel-
lung ausgegangen. Das heißt, es gibt einen Aufbau-, zwei Flügelspieler, einen
Post und einen Brettcenter (Abb. 4).
Dies ist nur eine von vielen Möglichkeiten, eine Mannschaft zu formieren,
aber die am häufigsten angewandte. Im
folgenden werden die einzelnen Spie-
lerpositionen hinsichtlich ihrer Funk-
tion beschrieben. Eine Spezialisierung
auf bestimmte Positionen sollte im

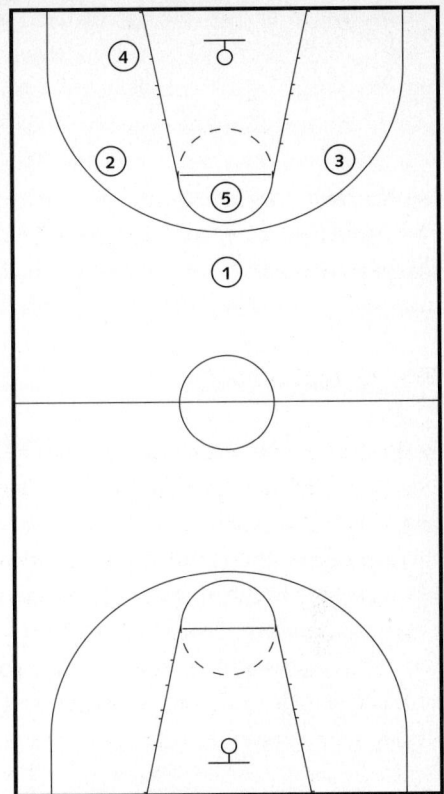

Abb. 4: Angriffspositionen
1   Aufbau
2, 3 Flügel
4   Brettcenter
5   Post (Vorcenter)

Kindes- und Jugendalter noch nicht erfolgen. Hier steht eine variable Ausbildung
im Vordergrund. Erst nach Beendigung des Wachstums und abgeschlossener Entwicklung ist eine Spezialisierung sinnvoll.

Aufbauspieler

Er ist der Spieler, der das Spielgeschehen bestimmt. Der Aufbauspieler bringt den
Ball nach vorne, dirigiert die Mannschaft und gibt während des Spiels Anweisun-
gen (z. B. welcher Spielzug gespielt wird). Er ist schnell, dribbel- und paßsicher und
zeichnet sich durch eine gute Übersicht, was das Anspiel der Mitspieler angeht, aus.

Er beherrscht ebenso Würfe aus der Weitdistanz wie den schnellen Durchbruch zum Korb. In der Regel ist er ein kleinerer Spieler, da er durch seine Position selten zum Rebound (= der vom Ring oder Brett abprallende Ball, s. auch Einheit 5) gehen oder unter dem Korb agieren muß. Angegriffen wird dieser Spieler hauptsächlich außerhalb der Zone, weshalb er Dribbel- und Paßfinten beherrschen und mit beiden Händen sicher dribbeln können sollte.

Der Aufbauspieler ist zudem für die Rückraumsicherung zuständig. Da er dem eigenen Korb am nächsten ist, muß er auch als erster zurück in die Verteidigung, um eventuelle Schnellangriffe des Gegners zu verhindern.

Flügelspieler

In der 1–3–1-Aufstellung gibt es den linken und den rechten Flügelspieler. Sie befinden sich zwischen Zone und Drei-Punkte-Linie. Der Flügelspieler ist sowohl ein guter Werfer als auch Spezialist für Durchbrüche. Er beherrscht das Fintieren mit und ohne Ball und kann sich auch unter dem Korb durchsetzen. Er ist ein mittelgroßer Spieler, muß sich durch Kraft und Sprungvermögen auszeichnen, um sich auch gegen längere Verteidiger durchsetzen zu können. Die Anspiele auf die Centerspieler, aber auch auf einen schneidenden Aufbau, gehen über ihn. Er fällt also ebenfalls durch eine gute Spielübersicht auf. 1–1-Situationen finden hauptsächlich an der Grundlinie statt.

Centerspieler

Im Gegensatz zu den Positionen der Aufbau- und Flügelspieler, die relativ genau festgelegt sind, variieren die der Center häufig. Bei der Grundaufstellung befindet sich der Post (Vorcenter) mit dem Rücken zum Korb an der Freiwurflinie, während der Brettcenter an der Zone in Höhe des Korbes auf der rechten oder linken Seite steht. Die Stärken des Centers liegen im sicheren Wurf aus der Nahdistanz (besonders nach dem Rebound) und in der erfolgreichen Anwendung des Korblegers. Da der Center hauptsächlich für den Rebound zuständig ist, ist er ein großer, sprungkräftiger Spieler. Er kann sich gegen die Verteidiger unter dem Korb durchsetzen, sowohl beim Wurf auf den Korb als auch beim Kampf um den Rebound. Da Post und Brettcenter häufig rotieren und abwechselnd die beschriebenen Positionen einnehmen, sollten sie sichere Würfe in direkter Korbnähe sowohl mit der rechten als auch mit der linken Hand beherrschen. Eine gute Spielübersicht ist notwendig für ein effektives Zusammenspiel mit dem zweiten Centerspieler.

Die Spielregeln

Ein Spiel kommt nur zustande, wenn alle Teilnehmer gewisse Regeln befolgen. Da das Basketballregelwerk sehr komplex ist, empfiehlt es sich, Anfängern nur zwei bis drei Regeln vorzugeben und diese nach und nach zu erweitern. Zu Beginn der Basketballausbildung sollte der Lehrer, Trainer oder Übungsleiter «pädagogisch» pfeifen. Das heißt, es soll nicht bei jeder Regelübertretung abgebrochen werden, um den Spielfluß sowenig wie möglich zu stören. Später sollen die Spieler Schiedsrichtertätigkeiten übernehmen. In diesem Fall bietet es sich an, zu Spielbeginn die jeweils neu hinzukommenden Regeln zu nennen und kurz zu erläutern, um eine Grundlage für Spieler und Schiedsrichter zu schaffen.

Folgende Reihenfolge bietet sich an:
1. Schrittregel, Foulregel (Körperkontakt = Foul), Einwurf;
2. Dribbelregel, Drei-Sekunden-Regel;
3. Ausball, Sprungball, Fußspiel;
4. Rückspiel, erweiterte Foulregel (Offensiv-, Defensivfoul);
5. für Wettkämpfe: Zeitregeln, Freiwürfe, absichtliches und technisches Foul.

Einheit 1: Korbwurf im Stand (1–0)

Der Korbwurf ist eine der wichtigsten Techniken im Basketball und stellt hohe Anforderungen an die Fertigkeiten der Spieler. Die Entscheidung für die ausschließliche Behandlung des Korbwurfs in der ersten Einheit wird aus folgenden Gründen getroffen:

- für Kinder und Jugendliche liegt der Reiz des Basketballspielens in erster Linie darin, auf den Korb zu werfen und Körbe zu erzielen;
- der diesem Buch zugrundeliegende Ansatz der «Spielnähe» erfordert Lernsituationen, die mit einem Korbwurf abgeschlossen werden;
- ein wesentliches Technikelement des Korbwurfs, das *Abklappen des Handgelenks*, findet sich in zahlreichen anderen Techniken wieder; zum Beispiel beim Dribbeln und Passen.

Einige der im Anschluß vorgestellten Übungen beinhalten das Dribbling. Um die Lernanfänger nicht zu überfordern, soll auf die spezielle Technik zunächst nicht gesondert eingegangen werden. Vorausgesetzt wird, daß die Spieler eine Grobform des Dribblings beherrschen. Dribbelübungen können deshalb grundsätzlich in das Aufwärmprogramm der ersten beiden Einheiten integriert werden, bevor in Einheit 4 schwerpunktmäßig eine Verbesserung der Dribbeltechnik angestrebt wird.

In der ersten Aufwärmübung wird der Korbwurf nach vorausgehendem Dribbling verlangt. Diese Kombination ist schwierig, da vor dem Korbwurf eine Stoppbewegung im Rahmen der Schrittregel erfolgen muß (s. Spielregeln), womit Anfänger erfahrungsgemäß große Probleme haben. Der Lehrer muß hier zumindest den Hinweis geben, daß nur *zwei Kontakte mit Ball* erlaubt sind. Insgesamt kann die Schrittregel in der ersten Einheit jedoch locker gehandhabt werden; der Lehrer sollte nur bei starken Regelübertretungen korrigierend eingreifen. Wichtig ist außerdem, daß sich die Spieler in erster Linie auf die Ausführung des Korbwurfs konzentrieren, weshalb der überwiegende Anteil der Übungen so konzipiert ist, daß die Spieler ohne vorhergehendes Dribbeln zum Wurf kommen.

Im Hinblick auf eine weitere, das Basketballspiel kennzeichnende, grundlegende Technik, den Rebound, müssen die Spieler in allen Übungen nach erfolgtem Korbwurfversuch ihren eigenen Ball sichern. Von Anfang an sind Korbwurf und Rebound, zumindest aus Angreifersicht, als ein Komplex zu betrachten.

Bezüglich der Korbwurftechnik wird der einhändige Wurf favorisiert. Dieser hat sich im Basketballsport durchgesetzt und wird einem beidhändigen Wurf vorgezogen. In den elf Einheiten soll der einhändige *Positionswurf* vermittelt werden. Der *Sprung*wurf, der als effektivster Wurf im Basketball gilt, wird im Anfängerbereich nicht geschult, denn er stellt höchste Anforderungen an koordinative und konditionelle Fähigkeiten der Spieler. Die Technik des Positionswurfes ist grundlegende Voraussetzung für den Sprungwurf, der erst mit fortgeschrittenen Spielern geübt werden soll (zum Erlernen des Sprungwurfes s. Techniktraining). Beim einhändigen Positionswurf ist vor allem in Einheit 1 eine «harte» Korrektur erforderlich. Fehler, die sich zu Beginn einschleifen, sind häufig nicht wieder auszubügeln!

So ist darauf zu achten, daß der Ball *in einer hohen Flugkurve* in den Korb fällt. Dies ist durch eine deutliche Streckbewegung des Armes nach oben (und nicht nach vorne) zu erreichen. Die Wurftechnik soll erst korbnah (Abstand 1–2 m) geschult werden, bevor die Abstände vergrößert werden können (bis maximal zur Freiwurflinie). Alle Würfe, bis auf die von 45°, erfolgen direkt *ohne Brettberührung*, um von der ersten Stunde an die Konzentration auf eine hohe Flugkurve zu lenken.

Bei allen Übungen ist darauf zu achten, daß die Spieler mit der starken und der schwachen Hand dribbeln und sowohl von der rechten als auch von der linken Seite auf den Korb werfen.

Technikbeschreibung des Korbwurfs

Die *Grundposition* beim einhändigen Wurf aus dem Stand nimmt der Spieler ein, indem er die Füße schulterbreit auseinandersetzt und das Gewicht gleichmäßig auf beide Beine verteilt. Beim Rechtshänder *kann* der rechte Fuß (= Fuß der Wurfhand) eine halbe Fußlänge vorgestellt sein; wichtig ist nur, daß der Spieler keine *extreme* Schrittstellung einnimmt. Der Ball wird in Brusthöhe eng am Körper gehalten (Abb. 5a und 5b).

Während die Beine gebeugt werden, wird der Ball auf Kopfhöhe in die *Wurfauslage* gebracht. Diese ist durch folgende Merkmale gekennzeichnet:

- ca. 90° Winkel zwischen Körper und Oberarm sowie Ober- und Unterarm;
- der Ellbogen der Wurfhand zeigt in Richtung Korb;
- die Wurfhand ist unter dem Ball, wobei nur die gespreizten Finger den Ball berühren, die Handfläche bleibt frei;
- die andere Hand unterstützt den Ball seitlich, wobei auch hier der Ellbogen nah am Körper ist.

Die *Wurfbewegung* wird durch die Streckung der Beine und der Hüfte eingeleitet. Es folgt die Streckung des Armes bis hin zum Abklappen des Handgelenks. Durch das Abklappen des Handgelenks und den letzten Impuls mit den Fingerspitzen er-

Abb. 5a und 5b: Einhändiger Positionswurf

hält der Ball eine Rückwärtsrotation, die für eine optimale Flugkurve notwendig ist.

Hinweis Es muß besonders darauf geachtet werden, daß die Streckbewegungen der Beine, Hüfte und Arme fließend ineinander übergehen.

Beim Korbwurf spielen Kraft und Koordination eine wesentliche Rolle. Dies verdeutlicht ein Vergleich der Wurfbewegung zwischen dem Schüler (Abb. 5a) und Henning Harnisch (Abb. 5b). Der Schüler gleicht die noch fehlende Kraft durch eine verstärkte Beinbewegung aus, er hebt die Fersen vom Boden ab, der gestreckte Wurfarm zeigt deutlicher nach vorne als nach oben. Dagegen erkennt man bei Henning Harnisch die Streckung des Wurfarmes und der Stützhand nach oben, auch sind Arm- und Beinbewegung besser koordiniert.

Fehler

– Schrittstellung: Gegenfuß der Wurfhand steht vorne;
– der Ball ist in der Wurfauslage hinter oder neben dem Kopf;
– der Ellbogen der Wurfhand zeigt nicht zum Korb;
– der Arm wird nicht nach oben gestreckt;
– kein Abklappen des Handgelenks, dadurch keine Rückwärtsrotation des Balls.

Die Übungsstunde

AUFWÄRMEN

❶ Jeder Spieler hat einen Ball. Er soll versuchen, von Korb zu Korb zu dribbeln und so viele Treffer wie möglich zu erzielen. Dabei sind mit dem Ball in der Hand nicht mehr als zwei Kontakte erlaubt (Schrittregel). Auf jeden Korb darf nur *ein* Wurfversuch erfolgen. Die Spieler sollen mit rechts und links dribbeln sowie Korbwürfe von beiden Seiten ausführen.

Hinweis Erfahrungsgemäß bilden sich häufig Schlangen vor den Körben, da jeweils nur ein einzelner Spieler auf den Korb wirft. Die Spieler müssen darauf hingewiesen werden, daß Korbwürfe von mehreren *gleichzeitig* erfolgen können und daß sie *ohne Unterbrechung* von Korb zu Korb dribbeln sollen.

Abb. 6

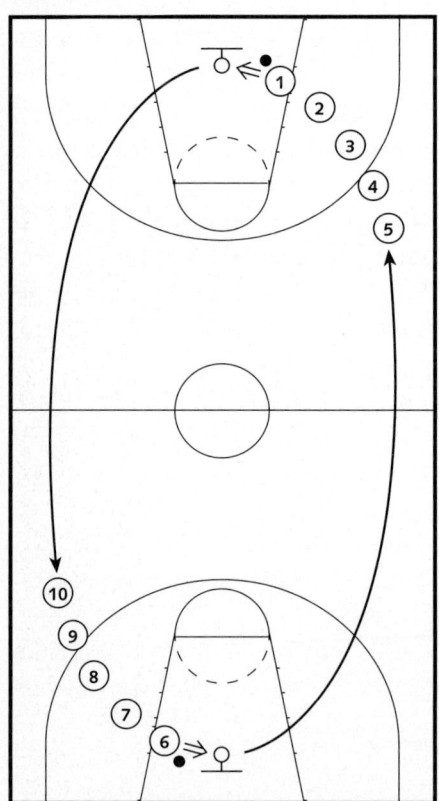

Variation In die Hallenecken werden Pylonen gestellt, die von den Spielern mit der freien Hand berührt werden sollen. Nach Korbwurf (2 Punkte bei Erfolg) oder bei Berührung von Pylonen (1 Punkt) muß durch die Mitte gedribbelt werden, ehe ein neuer Korb oder eine neue Pylone angesteuert werden kann. Wer hat die meisten Punkte nach einer bestimmten Zeit?

❷ Spieler 1 und 6 haben einen Ball und werfen auf den Korb, fangen ihren Ball und legen den Ball auf eine markierte Stelle (innerhalb der Zone) zurück (Abb. 6). Anschließend laufen sie zum Gegenkorb und stellen sich an der jeweiligen Gruppe an. Die Übung ist entsprechend auf der anderen Spielfeldhälfte durchzuführen. (Stehen nur zwei Körbe zur Verfügung, ist die Übung in vier Gruppen von rechts und von links gleichzeitig durchzuführen.)

❶ Bewegungsbeschreibung des Korbwurfs und Demonstration.

❷ Zu dritt einen Ball und einen Gymnastikreifen; zwei Spieler sitzen sich gegenüber, der dritte hält den Reifen (Abb. 7). Die beiden sitzenden Spieler führen Korbwürfe durch den Reifen aus, wobei sie die eben erklärte Technik anwenden sollen.
Zu variieren sind (a) der Abstand der Spieler und (b) die Höhe des Reifens. Die
Spieler sollen sich gegenseitig verbessern und besonders auf die Wurfauslage, Armstreckung und den Handgelenkseinsatz achten. Die genannten Variationen erfordern unterschiedliche Krafteinsätze und beinhalten bereits das Anvisieren eines
Ziels. Nach zehn Wurfversuchen pro Spieler wird gewechselt.

Hinweis Es ist darauf zu achten, daß der Reifen hoch genug gehalten wird, damit
nicht fälschlicherweise eher Pässe als Würfe durch den Reifen ausgeführt werden.
Eventuell müssen sich diejenigen, die den Reifen halten, auf eine Bank oder einen
kleinen Kasten stellen. Der Abstand zwischen den Werfern ist aus dem gleichen
Grund gering zu halten (ca. zwei Meter).

Abb. 7

Während bei Übung 2 des Hauptteils die Wurfauslage nebst Armstreckung und Handgelenkeinsatz in besonderer Weise geschult werden soll, geht es in Übung 3 und 4 zusätzlich um die Koordination von Bein- und Armbewegung sowie um die Ganzkörperstreckung.

❸ Würfe aus der Nahdistanz. Es werden an einem Korb zwei Gruppen gebildet, die sich gleichmäßig rechts und links im Abstand von ca. einem Meter aufstellen (s. Abb. 8). Spieler 1 hat den Ball, wirft im Winkel von 45° mit Brettanspiel auf den Korb und fängt seinen Ball ab. Anschließend übergibt er den Ball Spieler 2 (auf der anderen Seite), läuft zur gegenüberliegenden Seitenlinie (oder um eine spezielle Markierung), um sich danach der anderen Gruppe anzuschließen. Inzwischen hat Spieler 2 auf den Korb geworfen usw.

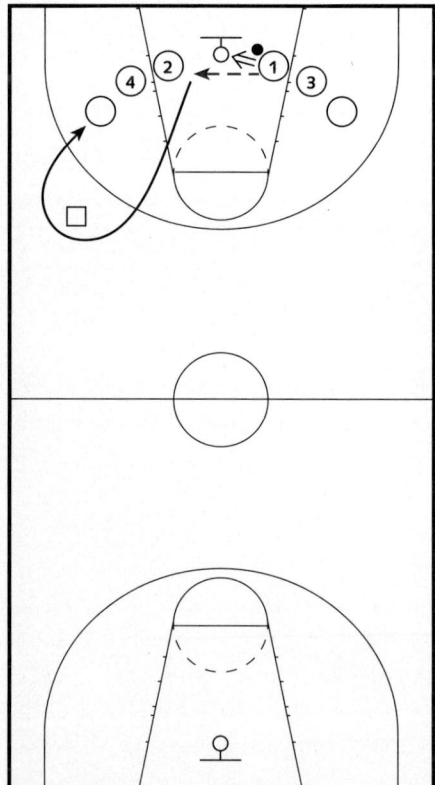

Variation Stehen für eine große Gruppe nur zwei Korbanlagen zur Verfügung, kann die Übung wie folgt abgewandelt werden (Beschreibung für eine Längshälfte). Jede Gruppe hat einen Ball. Der erste Spieler wirft auf den Korb, holt den Rebound und spielt den nächsten Spieler seiner Gruppe an. Danach läuft er zum anderen Korb und stellt sich dort an. Zwischen den Korbanlagen stehen fünf bis sieben Pylonen im Zickzack. Diese müssen von den Spielern, die die Seiten wechseln, berührt werden. Achtung, Gegenverkehr!

Abb. 8

❹ Es werden Fünfergruppen gebildet, drei Spieler stehen hintereinander an der Zone (45°), die beiden anderen befinden sich an der Mittellinie (s. auch Abb. 9). Spieler 1 und 2 haben einen Ball. Spieler 1 wirft auf den Korb, holt den Rebound, dribbelt zu Spieler 3 und übergibt diesem den Ball. Spieler 3 dribbelt zu Spieler 5, gibt ihm den Ball und stellt sich hinten an. Spieler 2 wirft auf den Korb, wenn Spieler 1 die Zone verlassen hat.

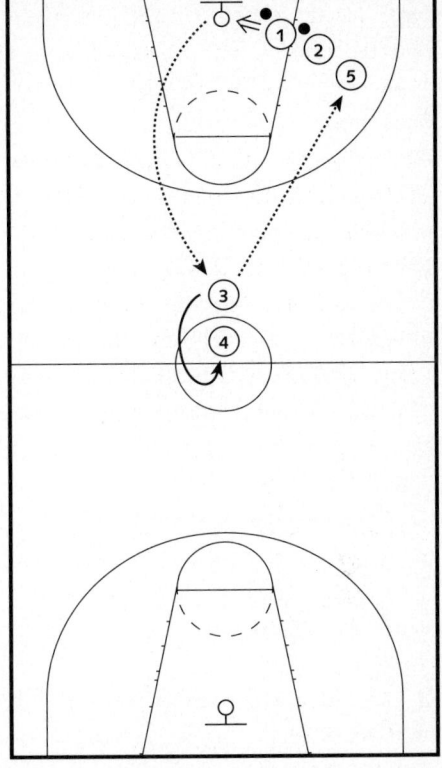

❺ Siehe Übung 2 (Aufwärmen)

Variationen

- der Ball wird in einen vorgegebenen Raum gelegt (Variation der Entfernung);
- Wettspiel: Jede Gruppe spielt auf einen Korb; eine festgelegte Trefferzahl ist zu erreichen.

Abb. 9

❻ Wettspiel «21»

Jede Gruppe hat einen Ball und wirft von einer vorher festgelegten, korbnahen Position. Trifft Spieler 1 beim ersten Korbversuch, erhält die Mannschaft zwei Punkte; ein zusätzlicher Treffer nach Rebound ohne vorherige Bodenberührung ergibt einen Zusatzpunkt (d.h., jeder Spieler kann maximal pro Durchgang drei Punkte erzielen). Trifft der Spieler nicht, muß er den Ball fangen, bevor dieser den Boden berührt hat, um einen zweiten Wurfversuch zu erhalten. Ist dieser erfolgreich, zählt er einen Punkt, jeder Spieler erhält nur einen Nachwurf! Anschließend wird der Ball möglichst schnell zum nächsten Spieler der Gruppe gepaßt.

Hinweis Bei Wettspielen (Übung 6) ist die Gefahr gegeben, daß die Schüler vermehrt fehlerhafte und technisch unsaubere Würfe ausführen, um schnell zum Erfolg zu gelangen. Die erhöhte Motivation der Schüler darf nicht dazu führen, überhastet zu werfen! Aus diesem Grunde sollte der Lehrer auf jeden Fall deutlich machen, daß konzentrierte und technisch korrekt ausgeführte Würfe die Trefferchancen erhöhen.

SCHLUSS

Spiel 5–5.

Oder alternativ: «Turmball».
Zwei Mannschaften spielen gegeneinander. Jede Mannschaft hat einen «Turmwächter», der auf einem kleinen Kasten steht. Die Mannschaft, die in Ballbesitz ist,
muß versuchen, ihrem «Turmwächter» den Ball zuzupassen (= 1 Punkt). Folgende
Vorgaben sind sinnvoll:
- Mann-Mann-Verteidigung;
- es wird nicht gedribbelt, nur gepaßt;
- innerhalb der Mannschaft muß jeder Spieler Ballkontakt gehabt haben, ehe der
  Ball zum Turmwächter gespielt werden darf.

Der Turmwächter wird zwischendurch ausgewechselt. Gewonnen hat die Mannschaft, die die meisten Punkte erzielt. Nach einem erfolgreichen Zuspiel erhält die
Gegenmannschaft den Ball zum Einwurf hinter der Grundlinie.

Weitere Übungen

❶ Es werden Mannschaften von drei bis fünf Spielern gebildet. Jede Mannschaft
hat zwei Bälle, die Spieler stehen hintereinander auf einer festgelegten Position innerhalb der Zone vor je einem Korb. Auf ein Startzeichen soll jede Mannschaft
zehn Treffer erzielen. Die siegreiche Mannschaft erhält einen Punkt, anschließend
erfolgen weitere Durchgänge auf neuen Positionen.

❷ Wie Übung 1, jede Mannschaft hat zwei Bälle. In welcher Mannschaft treffen zuerst drei Spieler *hintereinander*? Diese Mannschaft bekommt einen Punkt, dann
wird gewechselt.

❸ Vier Gruppen an zwei Körben, Aufstellung hintereinander, pro Gruppe ein oder
zwei Bälle (Abb. 10). Die Spieler einer Mannschaft sind durchnumeriert. Bei Auf-
ruf einer bestimmten Zahl umlaufen die jeweiligen Spieler die Markierungen, krie-
chen durch die Beine ihrer Mitspieler, nehmen den Ball auf und machen einen
Korbwurf (2–3 m Abstand vom Korb). Anschließend holen sie ihren eigenen Ball
und legen ihn auf den Ausgangspunkt zurück. Bei vielen Spielern können zwei
Bälle genommen werden, entsprechend können zwei Zahlen in kurzem Abstand
gerufen werden. Welche Mannschaft hat zuerst zehn Treffer erzielt?

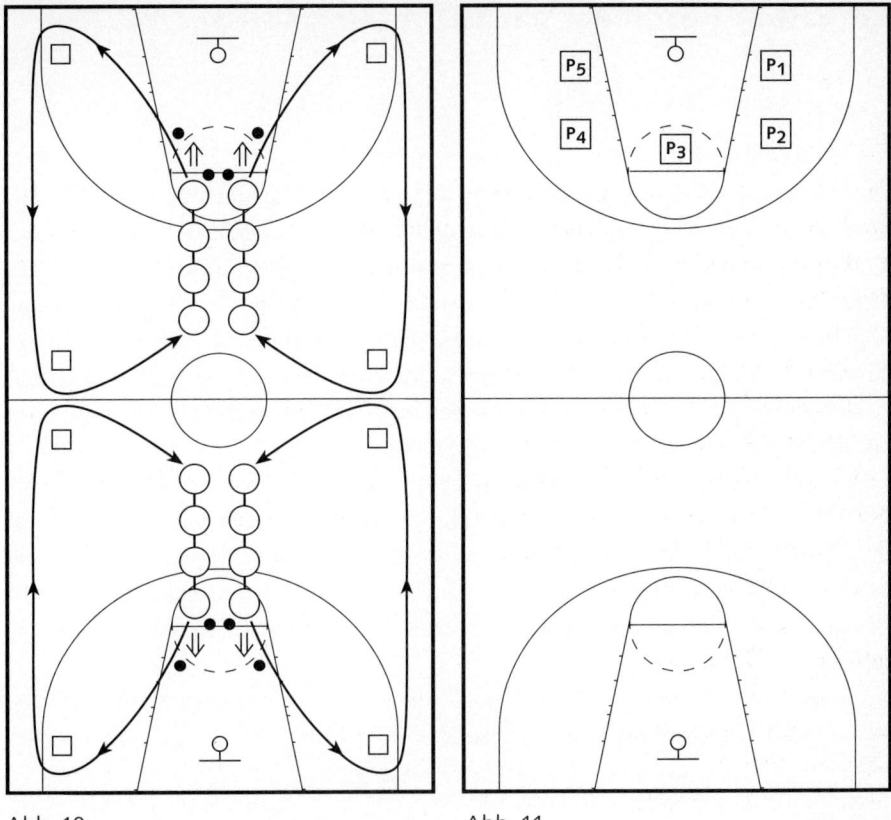

Abb. 10   Abb. 11

❹ Es spielt jeder gegen jeden. Nach einem erfolgreichen Korbwurf darf die nächste Position eingenommen werden. Wer hat zuerst von allen Positionen getroffen? Abbildung 11 zeigt die fünf Positionen, von denen geworfen werden muß.

❺ [F] Zehn bis zwölf Spieler stellen sich hintereinander, ca. auf halber Entfernung zwischen Korb und Freiwurflinie (innerhalb der Zone) auf, die ersten beiden haben einen Ball. Der erste Spieler wirft auf den Korb. Trifft er, holt er den Rebound und paßt dem Spieler den Ball zu, der als nächster ohne Ball in der Reihe steht. Trifft er nicht, holt er den Rebound und probiert, möglichst schnell durch einen weiteren Wurf einen Treffer zu erzielen. Der zweite Spieler wirft sofort nach dem ersten und versucht, seinen Ball eher im Korb unterzubringen als sein Vorgänger. Wer überholt wird, scheidet aus. Sieger ist derjenige, der am Schluß allein übrig ist.

Einheit 2: Korbleger nach Dribbling (1–0)

Der *Korbleger* ist ein Wurf aus unmittelbarer Korbnähe nach einbeinigem Absprung. Hierbei soll der Spieler möglichst nah an den Ring gelangen, so daß er den Ball – im optimalen Fall – nur noch in den Korb zu «legen» braucht. In der letzten Phase muß der ausführende Spieler die in Einheit 1 erlernte Korbwurftechnik anwenden. Deshalb erfolgt in der Situation 1–0 die Schulung des Korbwurfes *vor* der Einführung des Korblegers. Das Hauptaugenmerk liegt auf der Schrittfolge und dem Absprung. Gleichzeitig handelt es sich um eine weitere Anwendungssituation für den Korbwurf, die zusätzlich der Wiederholung dient.

Der Korbleger wird allgemein nach einem vorgegebenen Zweierrhythmus mit festgelegtem Anlauf von einer bestimmten Entfernung zum Korb gelehrt. In der Praxis ist die geschilderte Übungssituation jedoch nur selten zu finden. Im Gegenteil, es setzen sich zunehmend Variationen durch, die zur Anwendung kommen, wenn beispielsweise ein oder mehrere Gegenspieler den «normalen» Korbleger nicht zulassen.

Im folgenden werden die Spieler deshalb mit den verschiedensten Korblegertechniken (s. auch Techniktraining) vertraut gemacht. Dabei ist wieder besonders dar-

Abb. 12a: Korbleger nach Zweierkontakt (Darstellung von rechts nach links)

auf zu achten, daß Überforderungen vermieden werden. Vorgestellt wird die einfachste Form des Korblegers, nämlich von rechts nach Ballaufnahme die Schrittfolge «rechts – links – Wurf» und umgekehrt von links die Schrittfolge «links – rechts – Wurf» (ebenfalls nach Ballaufnahme). Gleichzeitig sollen die Lernanfänger in weiteren Situationen Variationen ausprobieren oder sogar selbständig «entdecken». Dazu zählen:

- unterschiedliche Schrittfolgen (z. B. Einkontaktkorbleger),
- unterschiedliche Entfernungen zum Korb beim letzten Dribbling,
- Anlaufen von beiden Seiten (auch von 0 °) und aus der Mitte,
- verschiedene Würfe (z. B. Unterhandkorbleger, ein- und beidhändig).

Der Trainer, Lehrer oder Übungsleiter sollte auf folgendes achten:
1. Zu Beginn sollen die Schüler den in Einheit 1 erlernten Positionswurf verwenden. Unterhandwürfe sind erst später durchzuführen.
2. Die Spieler müssen nach *vorn oben* abspringen und sollten möglichst beidbeinig landen. Wichtig ist, darauf zu achten, daß beim Absprung die Bewegung nicht extrem nach vorne durchgeführt wird.
3. Beim Korbleger von der rechten Seite soll mit rechts, auf der linken Spielfeldhälfte mit links gedribbelt werden, um den Ball vor dem Gegner zu schützen.
4. Der Korbleger von 45 ° wird günstigerweise mit Brett ausgeführt, beim Korbleger von vorne oder von der Grundlinie (0 °) kann auch direkt geworfen werden.

Abb. 12 b: Korbleger nach Zweierkontakt (Darstellung von rechts nach links)

Technikbeschreibung des Korblegers

Korbleger nach Zweierkontakt

Nach Ballaufnahme in der Bewegung (nach Dribbling oder Paß) macht der Rechtshänder zwei Schritte (rechts – links). Der Schritt mit rechts ist ein langgezogener Stemmschritt; der Absprung mit dem linken Bein erfolgt kraftvoll in die Vertikale. Zur Unterstützung dient das rechte Bein als Schwungbein. Der Ball wird möglichst lange mit beiden Händen geführt. Er verläßt die rechte Hand nach maximaler Armstreckung (Wurftechnik siehe Positionswurf). Die Landung sollte beidbeinig sein (Abb. 12a und 12b).

Abb. 13: Korbleger nach Einerkontakt

Im Unterschied zum Technikleitbild von Henning Harnisch (12b) ist bei der Schülerin (12a) noch folgendes verbesserungsfähig: Der letzte Schritt (Absprung) ist im Verhältnis zum vorletzten Schritt (Stemmschritt) zu lang. Dadurch kann sie die Kraft nicht für einen vertikalen Sprung ausnutzen, sondern springt zu stark nach vorne. Der Schwungbeineinsatz ist vorbildlich, die Stützhand verläßt jedoch zu früh den Ball. Insgesamt ist der Ball vor einem Verteidiger zu wenig geschützt.

Korbleger nach Einerkontakt

Beim Korbleger nach Einerkontakt wird nach Ballaufnahme nur noch ein Schritt gemacht. Aus motorisch-koordinativen Gründen ist es günstiger, als Rechtswerfer mit dem linken Bein abzuspringen. Die Variante «rechtes Bein» und «Wurf mit rechts» kann jedoch in entsprechenden Spielsituationen sehr effektiv sein (Abb. 13).

Unterhandkorbleger

Der Unterhandkorbleger kann ein- oder beidhändig ausgeführt werden. Die Ausgangsstellung entspricht der des Ein- oder Zweikontaktkorblegers, mit dem Unterschied, daß die Wurfhand unter dem Ball liegt. Mit dem Absprung wird die Armstreckung eingeleitet und der Ball nach vorne oben geführt. Der letzte Impuls kommt aus dem Handgelenk (Abb. 14).

Fehler

– der Absprung erfolgt zu nah vor dem Korb oder sogar unter dem Korb;
– die Stützhand wird zu früh vom Ball gelöst;
– der Ball verläßt die Hand vor Erreichen der maximalen Sprunghöhe.

Abb. 14:
Unterhandkorbleger

Die Übungsstunde

AUFWÄRMEN

❶ Dribbelübung: Alle Spieler mit je einem Ball dribbeln im Basketballfeld und versuchen, sich gegenseitig den Ball abzuspielen. Wer seinen Ball verloren hat, holt ihn zurück und führt die Übung fort.

Variation Wer seinen Ball verloren hat, darf erst nach einem erfolgreichen Korbwurf weitermachen.

Hinweise Um Fouls zu vermeiden und die Spieler auf eine korrekte Abwehrarbeit vorzubereiten, darf der Ball des Gegenspielers nur seitlich oder von unten mit der nach oben geöffneten Handfläche herausgespielt werden.
Wiederum sind rechte und linke Hand zu schulen. Um die *schwache Hand* besonders zu berücksichtigen, kann ein Durchgang nur mit *dieser* durchgeführt werden. In weiteren Durchgängen ist sinnvollerweise das Feld zu verkleinern, um die Spieler zu zwingen, den Ball besser zu schützen.
Diese Übung beinhaltet neben dem Aufwärmaspekt bereits eine Vorbereitung auf die Einheit 4 (Korbwurf/Korbleger nach Dribbling gegen einen Gegenspieler).

❷ Dribbelstaffel: Diese Übung dient der Schulung des einbeinigen Absprungs beim Korbleger. Gruppen zu dritt oder zu fünft (je nach gewünschter Intensität), jede mit einem Ball, stellen sich wie in Abb. 15 auf. Der Ball ist auf der Seite, auf der zwei (beziehungsweise drei) Spieler Aufstellung genommen haben. Spieler 1 dribbelt zu Spieler 2 und übergibt diesem den Ball. Spieler 2 dribbelt zu Spieler 3 usw.

Folgende Varianten sind möglich
- Dribbling rechte Hand + einbeiniges Hüpfen auf dem linken Bein,
- Dribbling rechte Hand + einbeiniges Hüpfen auf dem rechten Bein,
- Dribbling linke Hand + einbeiniges Hüpfen auf dem rechten Bein,
- Dribbling linke Hand + einbeiniges Hüpfen auf dem linken Bein,
- vorwärts und rückwärts.

(Weitere Anregungen sind dem Kapitel «Koordinationsschulung» zu entnehmen.)

❸ Jeder Spieler hat einen Ball und soll von Korb zu Korb dribbeln. Die Korbwürfe sollen möglichst nah am Korb und je nach Anlaufrichtung mit der rechten oder linken Hand (Abb. 16) erfolgen. Beim Anlauf aus der Mitte ist die Ausführung freigestellt. Nach dem Korbwurf sollte der Ball gefangen werden, bevor er den Boden berührt. Pro Korb ist nur *ein* Wurfversuch erlaubt.

Abb. 15

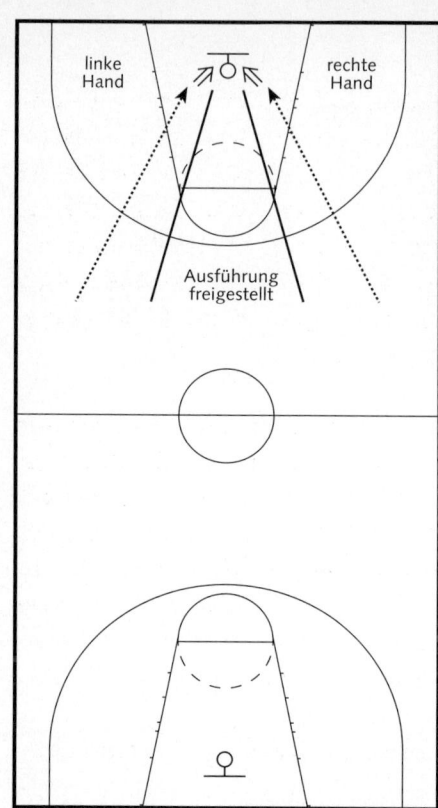

Abb. 16

Hinweis Steht nicht jedem Spieler ein Ball zur Verfügung, ist die Übung folgendermaßen abzuändern: Zwei Spieler haben einen Ball. Spieler 1 führt die genannte Übung durch, Spieler 2 folgt Spieler 1 und fängt den Ball nach Korbwurfversuch ab, um selbst zum nächsten Korb zu starten.

Nach fünf- bis achtminütiger Durchführung kann man in einer kurzen Gesprächsphase mit den Spielern erarbeiten, daß es sinnvoll ist, mit *einem* Bein abzuspringen, um möglichst nah am Korb den Wurf ausführen zu können.

Abb. 17: Korbleger nach Ballangabe

❶ Wie Übung 3 (Aufwärmen) mit der Vorgabe, zwischen zwei markierten Punkten (an den Enden der Freiwurflinie) hindurchzudribbeln und mit Korbleger abzuschließen. Nach Abfangen des eigenen Balls dribbeln die Spieler außerhalb der Zone zurück, durch die Mitte auf den nächsten Korb zu und wechseln dabei die Hand. Anfangs empfiehlt sich aus koordinativen Gründen die Kombination von Absprung linker Fuß – Wurf mit der rechten Hand und umgekehrt. Alle übrigen Ausführungsvarianten, die die Schrittregel nicht verletzen, sind natürlich ebenso denkbar und erhöhen das Technikrepertoire jedes Spielers.

❷ Partnerübung (1 Ball): Spieler 1 mit Ball postiert sich innerhalb der Zone und hält mit ausgestrecktem Arm dem auf den Korb zulaufenden Partner (Spieler 2) den Ball hin (Abb. 17). Dieser muß nach Ballaufnahme unter Beachtung der Schrittregel (mit ein oder zwei Kontakten) mit Korbwurf abschließen. Spieler 2 holt seinen Ball und nimmt eine Position innerhalb der Zone ein, Spieler 1 ist währenddessen zur Mittellinie gelaufen und führt nun seinerseits die Übung durch. Die Spieler sollen den Abstand zum Korb sowie die Anlaufrichtung variieren, sich über sinnvolle Abstände verständigen und diese ausprobieren.

Hinweis Stehen zu wenige Korbanlagen zur Verfügung, werden statt Zweiergruppen Vierer- oder Fünfergruppen gebildet.

❸ Wie Übung 4, Einheit 1 (Abb. 9). Der jeweils erste Spieler stellt sich in einem angemessenen Abstand zum Korb auf, so daß er einen Korbleger mit *einem* Dribbling ausführen kann. Dabei ist sinnvollerweise die Ausgangsposition zu variieren (rechts, links, 0°, 45°, direkt von vorne usw.). Anschließend wird die Entfernung vergrößert, so daß der Korbleger nach mehreren Dribblings ausgeführt wird.

Hinweis Die Spieler sollen versuchen, beim Dribbeln zum Korb zu sehen, um die Entfernung optimal abzuschätzen.

❹ Korblegerwettspiel: Zwei Mannschaften stehen an der Mittellinie (Abb. 18). Der jeweils erste Spieler hat einen Ball. Auf Kommando dribbeln die ersten Spieler zum Korb und schließen mit Korbleger ab. Nach eigenem Rebound wird der Ball zur Gruppe zurückgedribbelt. Welche Gruppe hat zuerst 20 Treffer?
Die Übung kann auch (a) mit mehreren Bällen (der zweite Spieler startet, wenn der erste den Zonenrand erreicht hat), (b) auf beiden Spielfeldseiten (vier Gruppen) und (c) von unterschiedlichen Wurfpositionen (Korbleger aus der Mitte, Korbleger von 0°) durchgeführt werden.

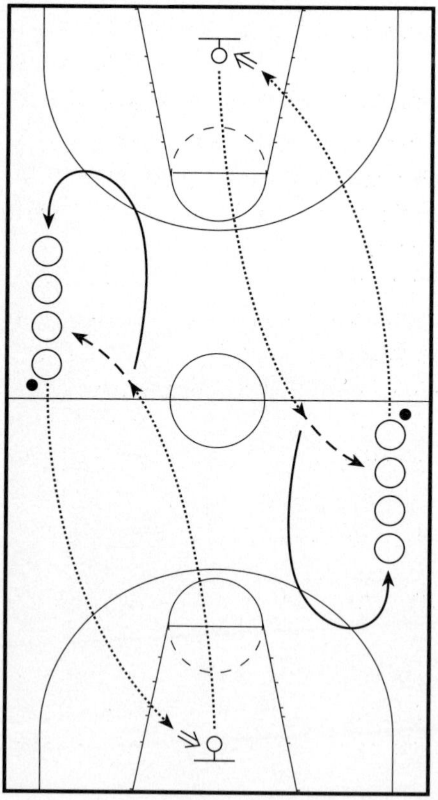

SCHLUSS
Spiel 5–5.

Oder alternativ: «Fünfer»- oder «Zehnerball».
Zwei Mannschaften spielen gegeneinander auf einer Spielfeldhälfte. Jedem Spieler wird ein fester Gegenspieler zugeteilt. Die ballbesitzende Mannschaft muß versuchen, sich den Ball fünf- beziehungsweise zehnmal zuzupassen, dabei darf weder mit dem Ball gedribbelt noch gelaufen werden. Die gegnerische Mannschaft versucht die Pässe zu stören. Kommt sie in den Besitz des Balls, stellt sie die neuen Angreifer. Einen

Abb. 18

Punkt erhält die jeweils angreifende Mannschaft, wenn sie die vorgegebene Anzahl von Pässen gespielt hat. Hiernach wechselt der Ballbesitz.

Variationen

- Wie Fünfer- oder Zehnerball; ein «Überzahlspieler» hat einen Gymnastikreifen. Nach fünf beziehungsweise zehn Pässen muß der Ball durch den Reifen gespielt werden, um einen Punkt zu erzielen.
- Wie Fünfer- oder Zehnerball; nach fünf beziehungsweise zehn Pässen muß der Ball an einer markierten Stelle am Spielfeldrand abgelegt werden.
- [F] Zwei Mannschaften spielen gegeneinander auf zwei Körbe. Jeder Spieler bekommt einen festen Gegenspieler zugeteilt. Es darf nur gepaßt, nicht gedribbelt werden. Nach dem fünften oder zehnten Paß kann die jeweils angreifende Mannschaft mit Korbleger abschließen. Zum Korbleger ist ein Dribbling erlaubt. Ein erfolgreicher Korb zählt einen Punkt.

Weitere Übungen

❶ Drei Spieler mit Ball verteilen sich im Bereich der Zone (links, Mitte, rechts). Sie halten die Bälle mit ausgestreckten Armen. Die übrigen Spieler laufen von der Mittellinie aus auf den Korb zu und schließen nach Ballaufnahme mit Korbleger ab. Jeder holt seinen eigenen Rebound und wird nächster «Geber», der andere Spieler läuft zur Mittellinie.

Variationen des Korblegerwettspiels (Übung 4, Hauptteil)
❷ Auf dem Weg zum Korb müssen mindestens zwei Dribbelfinten (durch die Beine, hinter dem Körper, Handwechsel, Dribbelwende) durchgeführt werden.

❸ Neben jeder Gruppe steht (an der Mittellinie) ein kleiner Kasten mit Bällen. Die Spieler nehmen sich jeweils einen Ball aus dem Kasten der eigenen Mannschaft und dürfen diesen nach einem *erfolgreichen* Korbleger in den Korb der gegnerischen Mannschaft legen. Welcher Kasten ist zuerst leer?

Einheit 3: Korbwurf nach Stopp und Sternschritt (1 – 0)

Diese Einheit beschäftigt sich mit den Möglichkeiten, die sich für einen Spieler ergeben, wenn er den Ball in der Bewegung erhält oder auf den Korb zudribbelt und gestoppt wird. *Stoppbewegungen mit Ball* sind durch die vorgegebene Schrittregel stark eingeschränkt. Diese besagt, daß ein Spieler, der den Ball in der Bewegung erhält (Paß) oder sein Dribbling beendet, maximal zwei Kontakte ausführen darf, um zu einem Stopp zu kommen.

Der *Sternschritt*, auch *Pivot* genannt, bildet eine Ausnahme bezüglich der Schrittregel und ermöglicht dem Ballbesitzer weitere Bewegungen. Er darf mit einem Fuß beliebig viele Schritte um sein Standbein machen, ohne dieses anzuheben. Dadurch kann ein Spieler den Ball in starker Bedrängnis gut schützen, zusätzlich ergeben sich vermehrte Abspielmöglichkeiten. Zahlreiche Finten (Durchbruch-, Paß-, Wurffinte) beginnen mit einem Sternschritt. Im Anschluß an einen Stopp kann der Spieler nach einer sogenannten Sternschrittauflösung zum Korb ziehen. Da die Techniken des Stopps und Sternschritts Anfängern häufig Schwierigkeiten bereiten, werden diese bereits zu einem frühen Zeitpunkt ohne Gegner vermittelt.

Bewegungsbeschreibung des Stopps

Im Basketball wird zwischen einem Einkontaktstopp (Parallelstopp) und einem Zweikontaktstopp (Schrittstopp) unterschieden.

Einkontaktstopp
Nach der Ballannahme erfolgt die Landung gleichzeitig auf beiden Füßen (ein Kontakt). Diese stehen parallel und etwa schulterbreit auseinander. Die Füße werden vor dem Körperschwerpunkt aufgesetzt und der sichere Stand wird durch ein Tiefergehen in den Knien unterstützt.

Zweikontaktstopp
Die Ausführung des Zweikontaktstopps beginnt beim Dribbling mit rechts oder bei einem Paß von rechts günstigerweise mit einem leichten Abdrücken vom linken Bein. Im Anschluß daran wird der Ball aufgenommen beziehungsweise gefangen. Dann folgt die Landung mit zwei Kontakten: rechts – links. Mit dem ersten

Kontakt wird der größte Teil der Geschwindigkeit abgebremst. Der zweite Kontakt mit links soll möglichst schnell angeschlossen werden. Umgekehrt kann mit links – rechts abgestoppt werden.

Jeder Spieler sollte beide Varianten beherrschen, da sie – situationsgerecht eingesetzt – von Vorteil sein können: So ermöglicht der Einkontaktstopp einen guten Übergang zum Sprungwurf, indem das Abbremsen des Dribblings direkt als Auftaktbewegung zum Wurf genutzt werden kann. Ein weiterer Vorteil besteht darin, daß die Wahl des Standbeines (= Pivotfuß) frei erfolgen kann. Der Zweikontaktstopp dagegen gibt dem Spieler vor allem beim Abstoppen aus vollem Tempo die Möglichkeit, mit zwei Schritten die Geschwindigkeit abzufangen. Der zweite Kontakt dient dann häufig dazu, das Gleichgewicht zu halten. Nachteilig könnte sich auswirken, daß der Pivotfuß festgelegt ist (vgl. auch Spielregeln).

Sternschritt

Nachdem der Spieler den Ball im Stand erhalten hat beziehungsweise zu einem regelgerechten Stopp gekommen ist, darf er das Spielbein nach vorne, hinten oder zur Seite aufsetzen, während das Standbein Bodenkontakt haben muß. Bei jedem erneuten Aufsetzen des Spielbeines wird das Gewicht vom Standbein auf das Spielbein verlagert. Der Oberkörper ist leicht gebeugt, so daß der vor dem Körper gehaltene Ball geschützt wird.

Sternschrittauflösung

Nach dem Stopp benutzt der Spieler sein Spielbein, um mit einem Schritt am Verteidiger vorbeizukommen und zum Korbwurf abzuspringen (Abb. 19).

Fehler beim Stopp und Sternschritt
– zu enge Fußstellung beim Einkontaktstopp;
– zu weite Schrittstellung beim Zweikontaktstopp;
– zu weit nach vorne verlagerter Körperschwerpunkt;
– Anheben oder Wechseln des Standfußes beim Sternschritt.

Abb. 19:
Sternschrittauflösung

Die Übungsstunde

AUFWÄRMEN

❶ Alle Spieler dribbeln von Korb zu Korb. Die Aufgabe besteht darin, in der Zone abzustoppen und zu werfen. Nach eigenem Rebound wird zum nächsten Korb gedribbelt.

❷ Vier Gruppen stehen an der Mittellinie (Abb. 20), die ersten beiden Spieler haben je einen Ball. Die ersten Spieler dribbeln zum Korb (1), stoppen innerhalb der Zone ab und führen einen Positionswurf aus. Sie fangen den Rebound ab, dribbeln zur Mittellinie (2) und übergeben den Ball an den nächsten Mitspieler. Der jeweils zweite Spieler einer Gruppe mit Ball dribbelt los, wenn der erste die Drei-Punkte-Linie erreicht hat.

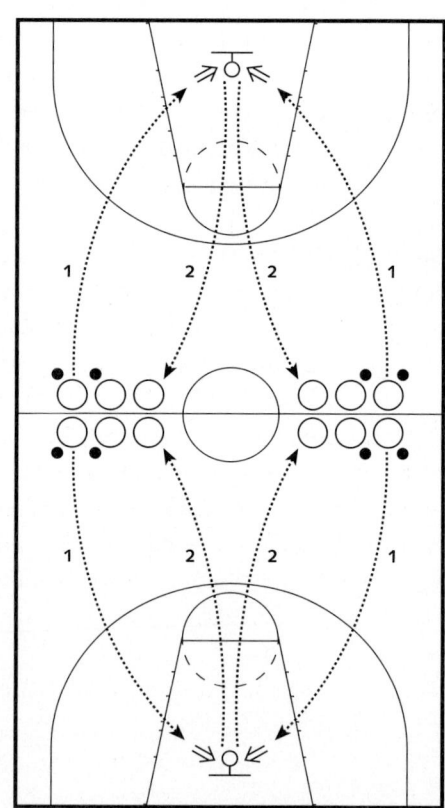

Abb. 20

HAUPTTEIL

❶ Erläuterung und Demonstration von Stopp und Sternschritt.

❷ Alle Spieler dribbeln frei in der Halle. Bei einmaligem Pfiff müssen sie einen Parallel-, bei zweimaligem Pfiff einen Schrittstopp mit anschließendem Stern-schritt ausführen.

❸ Wie Übung 1 (Aufwärmen), jedoch wird den Spielern die Anweisung erteilt, bei möglichst hohem Tempo innerhalb der Zone zum Stopp zu kommen. Die Spieler sollen mit Hilfe des Sternschritts die korrekte Fußstellung für den Positionswurf einnehmen und werfen.

❹ Vier Gruppen stehen an der Mittellinie, die ersten beiden Spieler jedes Teams haben einen Ball. Der erste Spieler jeder Gruppe dribbelt diagonal auf die Seite der Zone zu, stoppt bei ca. 45° ab, führt einen Sternschritt aus und wirft auf den Korb. Nach eigenem Rebound dribbelt er zurück und stellt sich bei der Gegengruppe (andere Seite, gleicher Korb) an, die jeweils nächsten Spieler starten, wenn die er-sten die Drei-Punkte-Linie erreicht haben (Abb. 21).

❺ Drei Spieler stehen in der Zone (links, Mitte, rechts) und halten je einen Ball mit ausgestrecktem Arm. Der jeweils erste der Gruppen an der Mittellinie läuft los und stoppt direkt nach der Ballaufnahme ab. Nach Sternschritt («Ordnen der Beine und Füße») erfolgt ein Positionswurf.

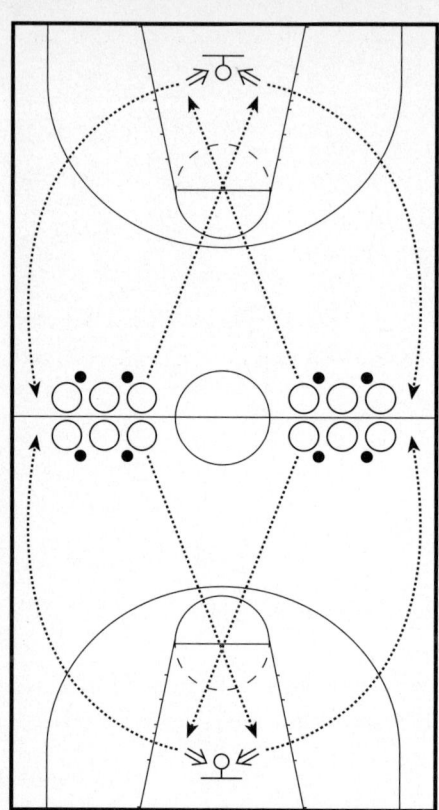

SCHLUSS
Spiel 5–5.

Oder alternativ: «Fünferball mit Stern-schritt».
Siehe Einheit 2, wobei jeder Spieler nach Ballerhalt einen Sternschritt ma-chen muß, bevor er den Ball abspielt.

Abb. 21

Weitere Übungen

❶ Ein Angreifer mit Ball, ein passiver Verteidiger. Der Angreifer steht vor dem Ver-teidiger am Zonenrand und hat folgende Möglichkeiten:

· Paßfinte
Er täuscht einen Paß nach rechts an (Füße sollten Bodenkontakt behalten, um einen Schrittfehler zu vermeiden), dribbelt am Verteidiger links vorbei und macht einen Korbleger (und umgekehrt: Täuschung nach links, Korbleger).

· Wurffinte
Der Angreifer täuscht einen Wurf an (beide Beine müssen Bodenkontakt halten, um einen Schrittfehler zu vermeiden) und zieht dann zum Korb.

· Durchbruchfinte
Der Angreifer täuscht einen Durchbruch an, indem er mit dem Spielbein einen Schritt auf den Verteidiger zu macht. Weicht dieser zurück (auch «Absinken»

genannt), setzt der Angreifer seinen Fuß zurück und kann, für einen kurzen Moment ungehindert, zum Wurf kommen.

• Sternschrittauflösung

❷ [F] 1–1 ab Mittellinie mit der Anweisung, in Korbnähe abzustoppen, mit Hilfe eines Sternschrittes in eine günstige Wurfausgangsposition zu gelangen und zu werfen. (Anwendung von Durchbruchfinte und Sternschrittauflösung.)

Weitere Übungen sind Einheit 2 zu entnehmen. Die dort aufgeführten Korblegerübungen sind so abzuwandeln, daß nach Beendigung des Dribblings durch Stopp und/oder Sternschritt ein Korbwurf erfolgt.

Einheit 4: Korbwurf / Korbleger nach Dribbling gegen einen Gegenspieler (1 – 1)

Jetzt wird der Angreifer erstmalig mit einem Gegenspieler konfrontiert. Er ist nun gezwungen, den Ball vor dem Verteidiger zu schützen und den Gegenspieler auszuspielen, um frei zum Korb zu kommen und damit die bekannte 1 – 0-Situation herzustellen.

Auf die Technik des Dribblings wurde in den vorhergehenden Einheiten nicht gesondert eingegangen (s. Einheit 1). Ziel dieser Einheit ist sowohl eine Verbesserung der Grundtechnik als auch ein gleichzeitiges Lernen und Anwenden von Möglichkeiten, sich gegen einen Verteidiger durchzusetzen. Dazu gehören das Schützen des Balles – am günstigsten durch ein tiefes Dribbeln und Abschirmen mit dem ganzen Körper – und eine sichere Ballkontrolle. Von Vorteil ist das Dribbling mit der gegnerfernen Hand. Dribbelfinten, die den Spielern aus eigenen Beobachtungen bekannt sind (s. auch Techniktraining), können und sollen ausprobiert und situationsgemäß angewendet werden.

Die Technik der *Individualverteidigung* ist an dieser Stelle zweitrangig, sie wird in Einheit 9 (2 – 2) behandelt. Die Spieler werden lediglich mit den Grundsätzen der Individualverteidigung vertraut gemacht. Der Verteidiger, und das muß den Spielern verdeutlicht werden, spielt momentan *für* den Angreifer: Beispielsweise muß durch gezielte Verteidigungsaufgaben erreicht werden, daß der Angreifer häufig seine schwache Hand benutzt, auch wenn er unter Druck gesetzt wird. Die Spieler lernen dadurch frühzeitig, mit der starken und der schwachen Hand zu dribbeln. Gelingt es dem angreifenden Spieler nicht, zum Korbleger zu gelangen, kann er – dann aber möglichst in Korbnähe (auf einer Wurfposition) – abstoppen. Hier bietet es sich an, mit einem Sternschritt den Verteidiger zum Zurückweichen zu zwingen oder ihn zumindest zu täuschen, um anschließend einen Korbwurf ausführen zu können.

Bewegungsbeschreibung des Dribblings

Dribbeln ist das Prellen des Balles mit einer Hand. Der Ball wird mit gespreizten Fingern (Handfläche frei) aus dem Ellbogen- und Handgelenk nach unten gedrückt. Die Wiederaufnahme des Balles erfolgt in umgekehrter Weise, wobei die Aufwärtsbewegung des Balles möglichst früh von der Hand begleitet wird («An-

Abb. 22

saugen», Abb. 22). Kennzeichnend für ein gutes Dribbling ist ein langer Ballkontakt (kein Schlagen auf den Ball!). Es erleichtert, daß man «blind« (ohne auf den Ball zu sehen) dribbeln kann.

Je nach Spielsituation sind verschiedene Dribbeltechniken oder -varianten erforderlich:

Tiefes – hohes Dribbling
Das hohe Dribbling erfolgt hüfthoch und kommt vorwiegend in Situationen ohne Gegnereinfluß zur Anwendung, zum Beispiel beim Aufbau eines Positionsangriffes oder beim Schnellangriff (Situation 1–0).
Beim tiefen Dribbling (kniehoch) ist der Ball durch das Vorbeugen des Oberkörpers besser geschützt. Dementsprechend kann in einer 1–1-Situation der Ball mit dem Körper sowie mit dem freien Arm gegen einen Gegner optimal abgeschirmt werden. Günstigerweise wird mit der verteidigerfernen Hand gedribbelt.

Dribbelbeginn: Kreuzschritt – Paßschritt
Das Aufsetzen des Balles muß zeitgleich mit dem ersten Fußkontakt erfolgen. Beim Dribbling mit der rechten Hand ist der erste Fußkontakt mit links (Kreuzschritt)

oder mit rechts (Paßschritt) möglich. Beim Paßschritt besteht die Gefahr, daß sich der Spieler den Ball direkt auf den Fuß dribbelt (Ballverlust!).

Rhythmisches – unrhythmisches Dribbling

In den meisten Situationen wird rhythmisch gedribbelt (zwei Fußkontakte – ein Ballkontakt: Beim Dribbling mit der rechten Hand setzt gleichzeitig mit dem Ball der linke Fuß auf und umgekehrt). Das unrhythmische Dribbling wird nur in solchen Situationen benötigt, in denen ein Spieler vom Kreuz- zum Paßschrittdribbling wechselt.

Schnelles – langsames Dribbling

Beim schnellen Dribbling wird der Ball schräg nach vorne gedrückt, um Raum zu gewinnen. Beim langsamen Dribbling (zumeist im Stand) wird der Ball neben dem Körper gerade nach unten gedribbelt.

Fehler

- fehlendes Abklappen des Handgelenks;
- «Schlagen» des Balles;
- zu geringe Krafteinwirkung aus Handgelenk und Unterarm;
- fehlendes «Ansaugen» des Balles;
- ständiger Blick zum Ball.

Die Übungsstunde

AUFWÄRMEN

❶ Jeder Spieler hat einen Ball. Alle stehen nebeneinander an der Grundlinie des Basketballfeldes beziehungsweise an der Hallenquerseite. Folgende Aufgaben sollen bahnenweise erfüllt werden:

- vorwärts laufen, den Ball mit gestreckten Armen vor dem Körper aus dem Handgelenk von Hand zu Hand bewegen,
- vorwärts laufen, den Ball um den Körper kreisen (rechts- u. linksherum),
- vorwärts laufen, den Ball mit gestreckten Armen über den Kopf von Hand zu Hand bewegen (Blick nach vorne, nicht zum Ball!),
- vorwärts gehen, den Ball als «Acht» durch die Beine geben,
- vorwärts gehen, den Ball als «Acht» durch die Beine rollen.

Bevor mit den weiteren Durchgängen begonnen wird, sollte eine kurze Demonstration der korrekten Dribbeltechnik erfolgen:

- 2 Bahnen vorwärts dribbeln, mit der starken Hand,
- 2 Bahnen vorwärts dribbeln, mit der schwachen Hand,
- 2 Bahnen rückwärts dribbeln, mit der starken Hand,
- 2 Bahnen rückwärts dribbeln, mit der schwachen Hand,
- 2 Bahnen «Finten»: Handwechsel, Dribbelwende, Ball hinter dem Körper oder durch die Beine dribbeln usw.

(Weitere Anregungen sind dem Koordinationstraining zu entnehmen.)

❷ Alle Spieler starten mit je einem Ball vom Mittelkreis des Basketballfeldes aus. Auf Kommando muß jeder Spieler in die vier Ecken des Basketballfeldes oder der Turnhalle dribbeln. Die Reihenfolge kann jeder Spieler selbst bestimmen. Nach jeder Eckenberührung muß *durch die Mitte* gedribbelt werden. Die Mitte und die Ecken sind mit der jeweils freien Hand zu berühren. Sieger ist, wer als erster den Mittelkreis nach Berührung aller vier Ecken erreicht.

Hinweis Den Spielern ist deutlich zu machen, daß beim Dribbeln durch den Mittelkreis besondere Vorsicht notwendig ist, um Zusammenstöße und damit Verletzungen zu vermeiden. Gerade hier wird in besonderer Weise das «blinde» Dribbeln geschult.

❸ Zweiergruppen, in der ganzen Halle verteilt, jeder mit einem Ball. Beide Partner dribbeln. Der eine läuft weg, der andere muß ihn mit der freien Hand abschlagen. Dann wechseln Fänger und Gejagter die Rollen.

HAUPTTEIL

❶ 1–1 ab Mittellinie
Der Angreifer versucht, dribbelnd am Gegenspieler vorbeizukommen und mit einem möglichst korbnahen Wurf abzuschließen (Richtungs-, Hand- und Tempowechsel als Möglichkeiten anregen).
Anmerkungen zum Verhalten des Abwehrspielers:

- Nimm die Verteidigungsgrundstellung ein und bewege dich mit Gleitschritten vorwärts (vgl. S. 94, 95).
- Versuche, dich immer zwischen Korb und Gegenspieler zu bewegen.
- Spiele den Ball, nicht den Mann.

- Schlage nicht von oben auf den Ball.
- Halte einen Sicherheitsabstand zum ballführenden Angreifer, damit er dich nicht überlaufen kann.

❷ Die Spieler stehen ohne Ball in der Verteidigungshaltung mit dem Gesicht zum Lehrer, Trainer oder Übungsleiter (Abb. 23). Auf Anweisung gleiten die Spieler in der Grundstellung nach rechts, links, vor und zurück. Bei dem Kommando «auf der Stelle» wird *gequivert*. (Beim Quivern wird abwechselnd das linke und das rechte Bein schnell auf den Boden aufgesetzt. Dabei liegt das Gewicht auf dem Fußballen, die Beine sind schulterbreit oder weiter auseinander, der Körperschwerpunkt liegt tief.)

Abb. 23

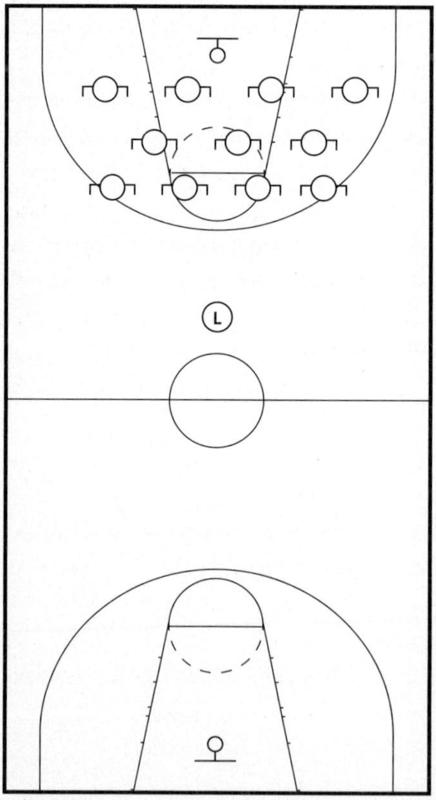

Abb. 24

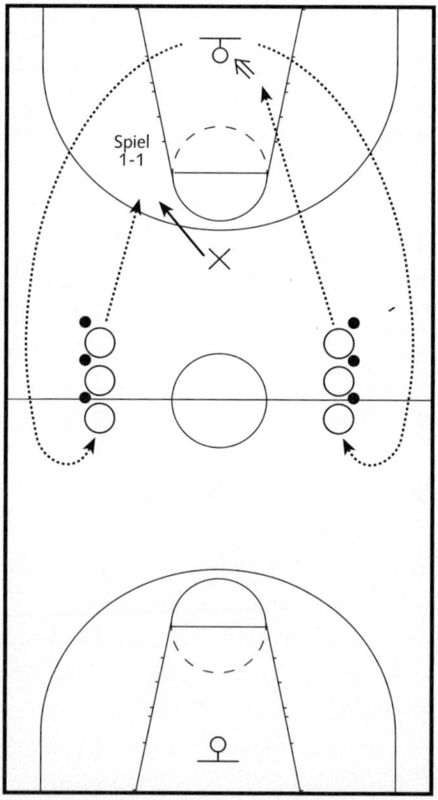

Hinweis Bei den Gleitschritten sollte darauf geachtet werden, daß die Beine vor allem beim Richtungswechsel nicht überkreuzt werden.

❸ Die ersten Spieler beider Gruppen dribbeln auf Kommando gleichzeitig los. Der Verteidiger steht und entscheidet sich deutlich für einen Angreifer, den er dann am Korbwurf oder Korbleger zu hindern versucht (eventuell gibt dies auch der Trainer, Lehrer oder Übungsleiter an). Der andere Angreifer dribbelt direkt zum Korb. Der Abwehrspieler wird nach fünf Durchgängen ausgewechselt. Bei genügend großem Raum kann die Übung auch über das gesamte Feld gespielt werden, ansonsten starten die Angreifer an der Mittellinie, der Verteidiger auf Höhe der Drei-Punkte-Linie (Abb. 24).

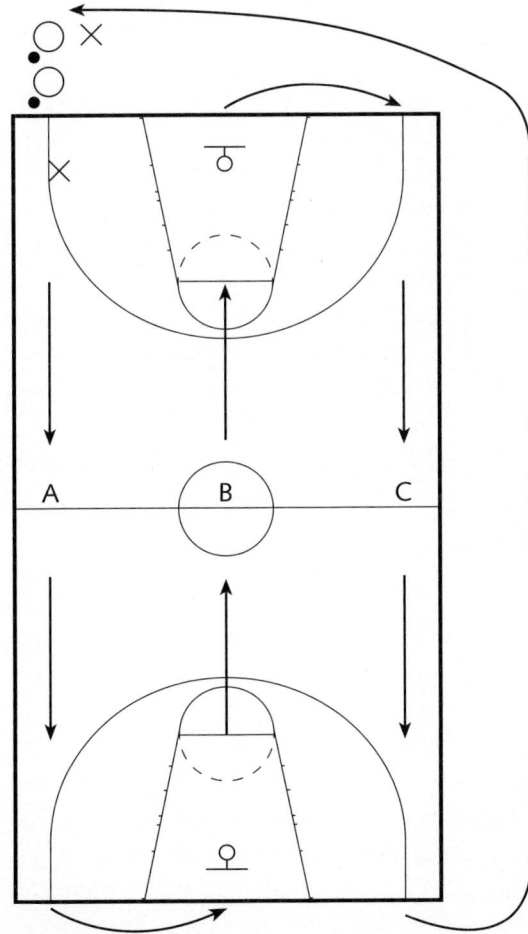

❹ 1–1 im Korridor (Abb. 25) Aufgabe wie bei Übung 1. Die Spieler müssen in dem jeweiligen Korridor bleiben, wobei sie immer in A starten und B und C durchlaufen. In Bahn B soll der Angreifer versuchen, zum Korberfolg zu gelangen. Im Anschluß an Bahn C stellen sich die Partner wieder an der Gruppe an; Angriff und Verteidigung wechseln.

Das «Korridordribbeln» ist eine spieltypische Anwendungssituation. Der Dribbler wird insofern unter Druck gesetzt, als daß er durch die Seitenlinie (Spielfeldbegrenzung) einen zweiten «Gegenspieler» bekommt. Später wird dieses

Abb. 25

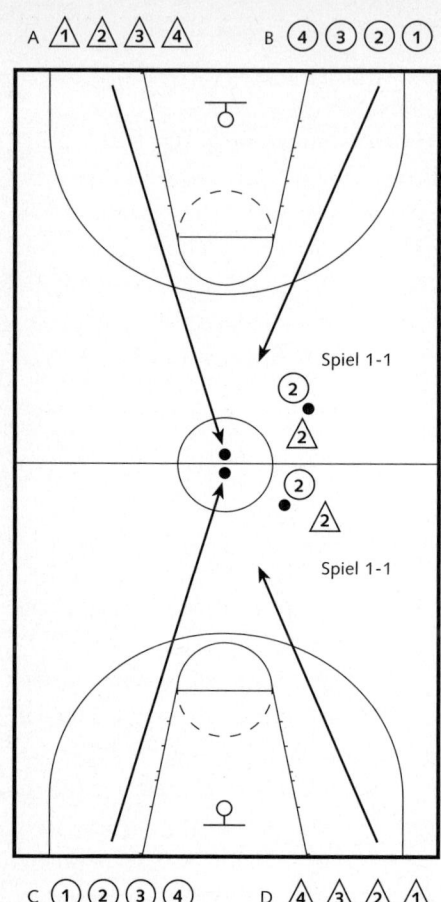

Spiel 1-1

Spiel 1-1

Abb. 26

Verteidigungsprinzip, das «Abdrängen des Dribblers zur Seitenlinie», erneut aufgegriffen.

SCHLUSS
Spiel 5–5.

Oder alternativ: Wettspiel «Dribbel-kampf» (Abb. 26, links).
Jeweils zwei Mannschaften (A/B und C/D) stehen sich an den Endlinien des Baskektballfeldes gegenüber, zwei Bälle liegen auf der Mittellinie. Die Spieler jeder Mannschaft werden durchnume-riert. Der Trainer, Lehrer oder Übungs-leiter ruft eine Zahl auf, woraufhin die entsprechenden Spieler versuchen, ei-nen Ball zu erkämpfen. Anschließend spielt der Ballbesitzer 1–1 gegen den entsprechenden Abwehrspieler, wobei der Angreifer möglichst schnell zum Korb dribbeln soll. Ein erfolgreicher Angriff zählt einen Punkt.
Nehmen viele Spieler an der Übung teil, liegen vier Bälle in der Mitte. Schnell nacheinander werden zwei Zahlen aufgerufen.

Weitere Übungen

❶ Zwei Spieler (einer mit, einer ohne Ball) stehen sich in ca. einem Meter Abstand an der Mittellinie gegenüber (Abb. 27). *Ohne* anzutäuschen, dribbelt der Angreifer auf einen Korb zu und versucht, mit Korbleger oder Korbwurf abzuschließen. Der Verteidiger hat die Aufgabe, dies zu verhindern. Dabei ist wichtig, daß er nicht von der Seite in den Dribbelweg des Angreifers läuft oder den Ball wegschlägt. Er soll den Angreifer, wenn möglich, überlaufen und vor diesem eine Verteidigungsposi-tion einnehmen. Angreifer und Verteidiger stellen sich jeweils bei der anderen Gruppen an.

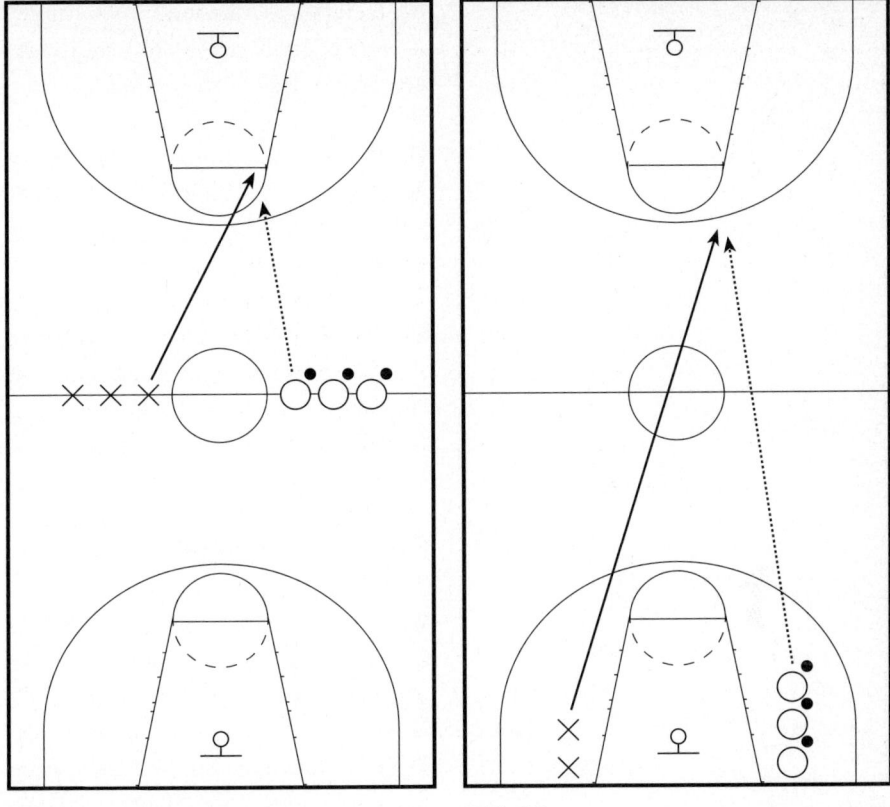

Abb. 27   Abb. 28

❷ [K] Zwei Spieler (einer mit, einer ohne Ball) stehen unter einem Korb, der Angreifer hat ca. einen Meter Vorsprung (Abb. 28). Auf ein Zeichen starten die Spieler auf den Gegenkorb, Aufgabe wie in Übung 1. Bei vielen Spielern wird die Übung sinnvollerweise von der Mittellinie auf beide Körbe durchgeführt.

❸ [K] Zwei Spieler stehen nebeneinander hinter der Endlinie (ohne Ball). Der Lehrer oder Übungsleiter rollt einen Ball in die Mitte. *Auf Kommando* laufen die beiden Spieler los. Wer zuerst den Ball hat, ist Angreifer, der andere Verteidiger, s. Übung 1.

❹ 1–1 auf der rechten oder linken Spielfeldlängshälfte. Startet der ballführende Spieler beispielsweise auf der rechten Seite, darf er nicht zum Ausspielen des Verteidigers auf die andere Spielfeldseite wechseln.

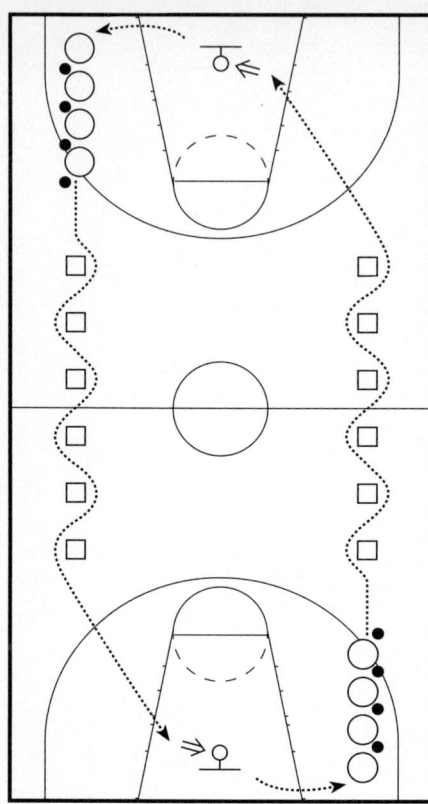

Abb. 29

Abb. 30

Hinweis Die Übungen 1 bis 4 können natürlich auch als Mannschaftswettkämpfe durchgeführt werden.

❺ Wie Übung 5, Einheit 2, mit vorausgehendem Slalomdribbling. Beide Gruppen starten in den Spielfeldecken (Abb. 29).

❻ [K] Dreiergruppen (ein Angreifer, zwei Verteidiger). Der Angreifer versucht, dribbelnd gegen zwei Verteidiger zum Korberfolg zu kommen.

Spezielle Dribbelübungen

❶ Zu zweit einen Ball. Die Spieler stehen sich gegenüber. Während der eine dribbelt, zeigt der andere Spieler Zahlen mit den Fingern. Diese müssen vom Dribbler laut genannt werden. Später auch im Laufen durchführbar.

❷ Dribbelstaffel (Aufstellung siehe Abb. 30). Der jeweils Gruppenerste dribbelt unter einer bestimmten Aufgabenstellung (s. Einheit 2, Aufwärmübung 2 und Koordinationstraining) um die Markierungsstange, *übergibt* den Ball an Spieler 2 und stellt sich hinten an. (Andere Organisationsform siehe Abb. 15, Seite 37). Als Variante können Gegenspieler in Reifen gestellt werden, die umdribbelt werden müssen.

❸ Zwei Mannschaften bilden zusammen einen Kreis (Abb. 3). A 1 und B 1

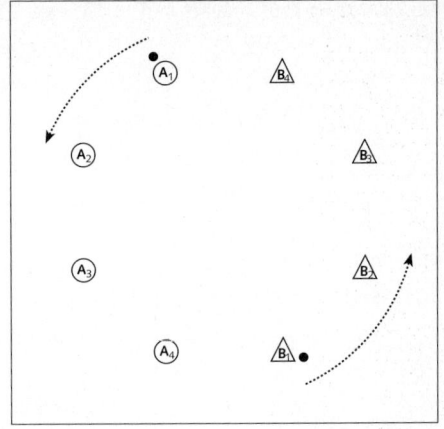

haben einen Ball. Auf ein Startzeichen dribbeln beide mit der rechten Hand außen um den Kreis und übergeben den Ball anschließend an A2 und B2. Welche Mannschaft ist am schnellsten? Weitere Durchgänge links herum (A4 und B4 beginnen) oder als Slalomdribbeln um die Mit- und Gegenspieler.

Abb. 31

④ «Schatten- oder Spiegeldribbeln»: Paarweise, jeder Spieler hat einen Ball. Der erste dribbelt durch die Halle, der andere folgt ihm und kopiert alle Richtungsänderungen, Finten, Handwechsel usw. Beim Spiegeldribbeln bewegen sich die beiden Spieler mit dem Gesicht zueinander. Es können auch mehrere Spieler den Bewegungen eines Dribblers folgen.

Abb. 32

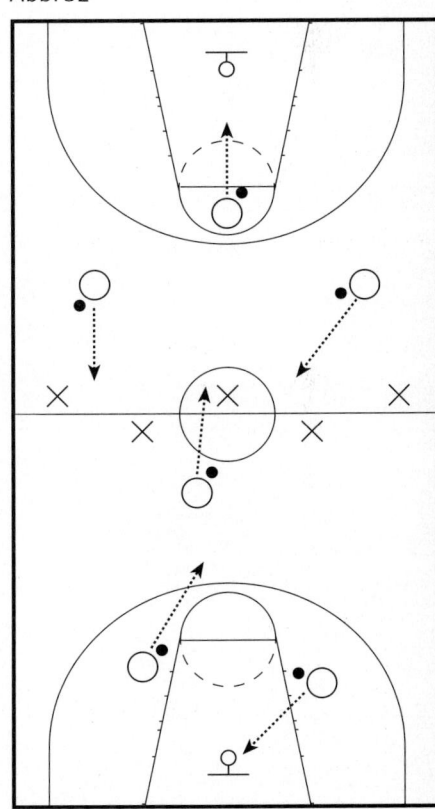

⑤ «Brückenwächter»: Fünf oder sechs Verteidiger stehen in der Spielfeldmitte (Abb. 32). Die anderen Spieler haben jeweils einen Ball und dribbeln von Korb zu Korb. Die Verteidiger versuchen, den Dribblern den Ball wegzuspielen. Die Verteidiger bekommen für jedes erfolgreiche Stören einen Punkt, die Angreifer für jeden erfolgreichen Korbwurf oder Korbleger.

⑥ «Schwänzchen fangen»: Alle Spieler stecken sich ein Band oder Seil gut sichtbar hinten in die Sporthose. Jeder Spieler hat einen Ball. Dribbelnderweise soll nun jeder Spieler möglichst viele «Schwänzchen» fangen.

❼ «Wer hat Angst vorm wilden Mann?»: Alle Spieler haben einen Ball. Der «wilde Mann» steht auf der einen, die restlichen Spieler auf der anderen Seite. Auf Zeichen tauschen die Spieler die Seiten, wobei sie dribbeln. Wer vom «wilden Mann» abgeschlagen wird, wird zum Fänger. Der «wilde Mann» darf vorgeben, wie gedribbelt wird (rechts, links, vorwärts, rückwärts usw.). Wer übrigbleibt, wird zum neuen «wilden Mann».

❽ «Hundehütte»: Alle Spieler haben einen Ball und dribbeln in einem vorgegebenen Hallenteil. Vier bis fünf Fänger müssen möglichst viele Spieler während des Dribbelns abschlagen. Wer abgeschlagen ist, stellt sich mit gegrätschten Beinen im Spielfeld auf und hält den Ball über dem Kopf. Er kann nun von den noch nicht abgeschlagenen Spielern befreit werden, indem diese ihm ihren Ball durch die Beine dribbeln. Die Fänger wechseln während des Spiels nicht.

Einheit 5: Korbwurf und Rebound (1–1)

Als *Rebound* bezeichnet man den vom Brett oder Korb abprallenden Ball nach einem erfolglosen Korbwurf. Das Erlangen des vom Brett oder Korb abprallenden Balls wird *Rebounden* genannt. Je nachdem, ob die angreifende oder die verteidigende Mannschaft den zurückspringenden Ball erkämpft, wird von einem *Offensiv-* oder *Defensivrebound* gesprochen.
Der Rebound spielt im Basketball eine bedeutende Rolle, die Spielanfängern häufig erst verdeutlicht werden muß. Im Gegensatz zu den Sportspielen Handball, Fußball oder Hockey bleibt beim Basketball der Ball auch nach einem Fehlwurf zumeist *im Spiel.* Für viele Anfänger ist jedoch erfahrungsgemäß der Angriff nach erfolgtem Korbwurf beendet. Dementsprechend wichtig ist es, den Spielern die Bedeutung des Rebounds aufzuzeigen, sowohl im Angriff, um neu aufzubauen oder sofort auf den Korb zu werfen, als auch in der Verteidigung, um einen Gegenangriff zu starten.

Bewegungsbeschreibung des Rebounds

Defensivrebound
Vor dem Absprung zum Ball muß der Verteidiger sich eine günstige Ausgangsposition zwischen Korb und Gegner (= Innenposition) verschaffen, indem er den Angreifer *ausblockt* (oder *aussperrt*) und ihn dadurch am Eindringen in den korbnahen Raum hindert. Beim Ausblocken geht der Verteidiger ein bis zwei Schritte auf den Angreifer zu und dreht sich dann mit dem Rücken zu ihm (Sternschritt), der Blick ist auf den Korb gerichtet (Abb. 33). Das Ausblocken soll schnell und kurz erfolgen, um den Gegner kontrollieren zu können. Anschließend geht der Rebounder sofort zum Ball. Die Beine sind gebeugt, die Arme etwa schulterhoch angewinkelt, die Unterarme zeigen fangbereit Richtung Korb. Der Absprung erfolgt beidbeinig, der Ball soll möglichst im höchsten Punkt mit beiden Händen gefangen werden. Um dem gegnerischen Spieler jede Möglichkeit zu nehmen, an den Ball zu kommen, krümmt der Verteidiger den Rücken, die Arme zeigen nach vorne oben und die Beine gegrätscht nach vorne (Spreizbuckelsprung, Abb. 34). Die Landung erfolgt beidbeinig in Grundstellung, der Ball wird durch den Körper sowie durch das seitliche Abwinkeln der Ellenbogen geschützt.

Abb. 33: Ausblocken

Abb. 34: Rebound

Offensivrebound

Der Angreifer versucht, nach erfolgtem Wurf ebenfalls in die günstige Innenposition zu gelangen. Dabei muß er durch Richtungstäuschungen das Ausblocken der Verteidiger verhindern. Die Technik entspricht der des Defensivrebounds. Nach Ballerhalt kann der Angreifer (mit oder ohne Täuschung) sofort einen zweiten Korbwurfversuch ansetzen oder den Ball sichern (erneuter Spielaufbau).

Fehler

– kein Ausblocken in der Verteidigung;
– falsches Timing (Ball wird nicht im höchsten Punkt gefangen);
– keine sichere Landung;
– der Ball wird nicht genügend geschützt.

Die Übungsstunde

AUFWÄRMEN

❶ Zwei Gruppen stehen an der Mittellinie, die ersten drei Spieler der rechten Gruppe haben je einen Ball. Die Spieler auf der rechten Seite machen einen Korbleger, die Spieler auf der linken Seite holen den Rebound. Beide stellen sich an den Gegengruppen an. Die zweiten Spieler jeder Gruppe beginnen, wenn die beiden ersten an der Drei-Punkte-Linie sind.

❷ Wie Übung 1, Abschluß: Stoppen – Wurf.

❸ Tippen gegen das Brett
Vor jedem Korb steht eine Gruppe mit einem Ball. Die Spieler stellen sich hintereinander vor die rechte Seite des Basketballbretts (Abstand ca. 1,5–2 m). Auf ein Zeichen wirft der erste Spieler jeder Gruppe den Ball an das Brett, dreht nach links ab und schließt sich der Gruppe am gegenüberliegenden Korb an. Der zweite Spieler versucht, den Ball in der Luft anzunehmen und ihn ohne Zwischenlandung wieder an das Brett zu werfen (Wurfbewegung wie beim Korbwurf) usw.

Hinweis Die Gruppengröße sollte so gewählt sein, daß die Spieler ständig in Bewegung sind. Die Übung ist konditionell so stark belastend, daß Gruppen abwechselnd die Übung durchführen oder Pause haben. Je nach Fähigkeit der Gruppe kann der Ball auch nach Landung und erneutem Absprung an das Brett geworfen werden.

HAUPTTEIL

❶ Technikbeschreibung und Demonstration des Rebounds.

❷ Jeder Spieler wirft den Ball gegen die Wand oder das Brett, springt beidbeinig ab und versucht, den Ball im höchsten Punkt beidhändig zu fangen. Anschließend muß der Ball sofort an den Körper gezogen und gesichert werden. Die Landung erfolgt beidbeinig.

❸ Ein Angreifer mit Ball und ein Verteidiger stehen sich in ein bis zwei Meter Abstand vom Korb oder von einer Wand gegenüber. Der Angreifer wirft den Ball an das Brett oder die Wand, der Verteidiger dreht sich nach dem Wurf zum Korb, bevor er den Rebound holt. Nach der Ballsicherung macht er einen Sternschritt und übergibt den Ball an den Angreifer. Nach fünf Rebounds werden die Rollen gewechselt.

❹ Wie 3, der Angreifer (= Werfer) versucht ebenfalls, den Rebound zu erlangen. D. h., der Verteidiger muß den Angreifer ausblocken, bevor er zum Ball geht.

❺ Spiel 1 – 1 ab Drei-Punkte-Linie. Der Ball wird so lange reboundet, bis ein Korberfolg erzielt ist.

SCHLUSS
Spiel 5 – 5.

Oder alternativ: Spiel 5 – 5. Das Erkämpfen jedes Rebounds wird mit einem Punkt bewertet.

Oder alternativ: Spiel 3 – 3 auf einen Korb.

Vorgaben
- Mann-Mann-Verteidigung;
- ein Korbwurfversuch ist erst dann erlaubt, wenn jeder Spieler der Mannschaft mindestens einmal Ballkontakt hatte;
- nach Korberfolg wechselt der Ballbesitz;
- gelangt die verteidigende Mannschaft in Ballbesitz, muß die gesamte Mannschaft zum Mittelkreis laufen, von wo aus der nächste Angriff gestartet wird.

Oder alternativ: Spiel 3 – 3 nach Streetballregeln.

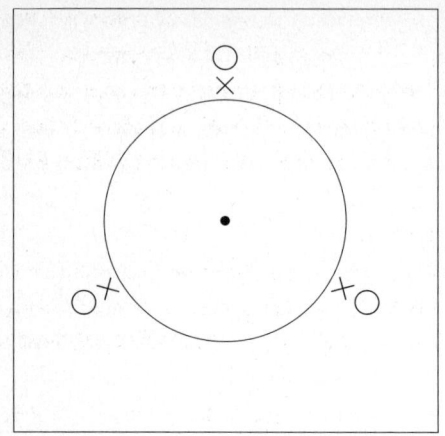

Abb. 35

Abb. 36

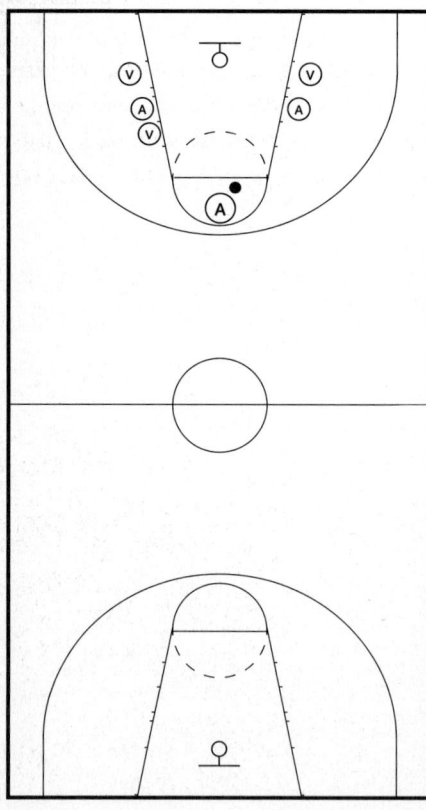

Weitere Übungen

❶ Drei oder vier Paare (je ein Angreifer und ein Verteidiger) stellen sich um den Mittel- oder Freiwurfkreis auf, in dessen Mitte ein Ball liegt (Abb. 35). Auf Pfiff versuchen die Angreifer, den Ball zu erreichen, während die Verteidiger dies durch Ausblocken und Gleitschritte verhindern sollen.

❷ [K] Drei Spieler (ein Ball) spielen gegeneinander auf einen Korb. Der Spieler in Ballbesitz versucht, einen Korb zu erzielen. Derjenige, der den Rebound erlangt, darf sofort wieder auf den Korb werfen. Auch nach Korberfolg geht das Spiel sofort weiter. Es gibt keinen Ausball. Die Spieler sollten sich besonders bemühen, nicht zu foulen. Welcher Spieler hat zuerst fünf Körbe erzielt?

Hinweis Die Übung verlangt eine aggressive Spielweise und ist nur mit Spielern durchzuführen, die sich bezüglich Fouls zurückhalten können.

❸ Ein Freiwerfer mit Ball, fünf weitere Spieler (2 Angreifer, 3 Verteidiger) stellen sich wie beim Freiwurf auf (Abb. 36). Der Freiwerfer wirft, alle Spieler versuchen, bei einem Fehlwurf den Rebound zu erkämpfen. Gelingt dies den Angreifern, sollen sie sofort wieder auf den Korb werfen. Bei einem Defensivrebound werden die Verteidiger zu Angreifern.

❹ Zu zweit einen Ball (Aufstellung Abb. 37). Spieler 1 (bzw. 3) wirft den Ball an das Brett, holt den Rebound und paßt den Ball nach außen zu Spieler 2 (bzw. 4). Spieler 2 (4) dribbelt zur Mitte, Spieler 1 (3) umläuft Spieler 2 (4) und besetzt die Außenspur. Nahe der Zone erhält Spieler 1 (3) den Ball, schließt mit Korbleger ab und läuft nach außen. Spieler 2 (4) muß den Rebound holen (möglichst bevor der Ball den Boden berührt hat). Die Spieler stellen sich anschließend bei der nächsten Gruppe an (Positionswechsel).

Hinweis Steht nur ein Spielfeld zur Verfügung, kann die Übung auf den beiden Längshälften durchgeführt werden.

❺ Spiel 3–3 auf einen Korb. Erkämpfen die Angreifer nach Fehlwurf den Rebound, erhalten sie zwei Freiwürfe und Ballbesitz als Belohnung. Erlangt die verteidigende Mannschaft den Rebound, startet ein neuer Angriff ab Mittellinie.

❻ Spiel 3–3. Der Trainer wirft den Ball auf den Korb. Welche Mannschaft hat zuerst 5 (10, 20) Rebounds geholt?

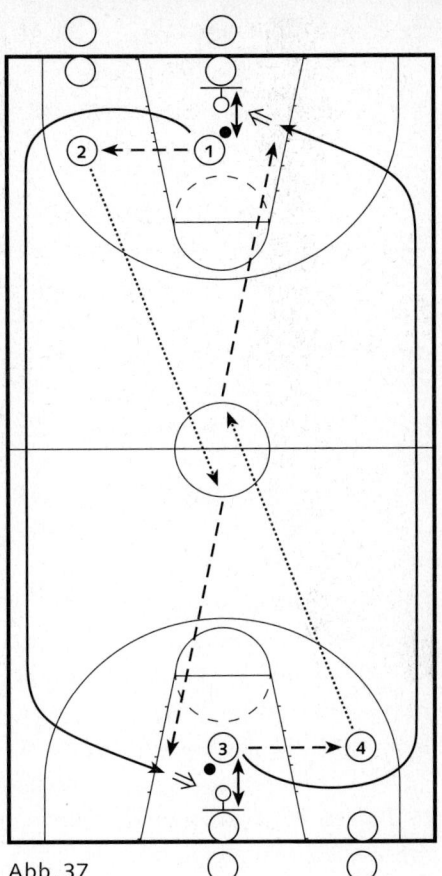

Abb. 37

Einheit 6: Korbwurf / Korbleger nach Anspiel
(1 – 0 + 1)

Im Vergleich zu den Einheiten 1 bis 5, in denen die Spielanfänger individuelle Handlungen (Dribbeln, Korbwurf, Korbleger) gegen (maximal) einen (teilaktiven) Gegenspieler ausführen, wird in dieser und den folgenden Einheiten die Situation erweitert. Schwerpunktmäßig soll das Zusammenspiel im Angriff gefördert und damit Handlungsmöglichkeiten im Bereich *Korbwurf / Korbleger nach Anspiel* erprobt und geschult werden.

Das *Passen und Fangen* gehört zu den wichtigsten Grundtechniken im Basketball und kann sowohl im Stand als auch in der Bewegung ausgeführt werden. In einer ersten Lernphase (Einheit 6) wird das Passen und Fangen im Stand geschult, um die Spieler nicht mit dem koordinativ anspruchsvollen Passen und Fangen in der Bewegung (Einheit 7) zu überfordern.

In den folgenden Übungen erhalten dementsprechend die Spieler den Ball im Stand und schließen die Aktion direkt mit einem Korbwurf ab. Neben der korrekten Technik des Passens und des Fangens steht die Übergangsphase von Ballannahme und anschließendem Korbwurf im Mittelpunkt dieser Einheit.

Man unterscheidet Brust-, Boden- und Überkopfpässe, die ein- oder beidhändig im Stand oder in der Bewegung ausgeführt werden können.

Im Basketball wird der *Brustpaß* am häufigsten angewendet, da er schnell, geradlinig und ansatzlos gespielt werden kann. Je nach Krafteinsatz ist es möglich, unterschiedliche Entfernungen zu überbrücken. *Überkopfpässe* werden in erster Linie eingesetzt, wenn der Ball über mehrere Verteidiger hinweg zu einem Mitspieler gepaßt werden soll. Das Anspiel eines in die Zone laufenden Spielers mit einem Überkopfpaß sollte im Anfängerbereich vermieden werden, da die Fehlerquote hier erfahrungsgemäß recht hoch ist. In dieser Situation ist ein Bodenpaß effektiver. Dieser ist zwar länger unterwegs, kann aber von den Verteidigern nur schlecht abgewehrt werden.

Bewegungsbeschreibung Passen und Fangen

Beidhändiger Brustpaß

Der Spieler steht in einer leicht gebeug-
ten Haltung (Basketballgrundposition,
Füße schulterbreit auseinander). Er hält
den Ball vor dem Bauch, die Hände liegen seitlich am Ball. Die gespreizten
Finger bilden ein W, Handfläche und
-ballen haben keine Berührung mit dem
Ball (Abb. 38). Der Paß erfolgt durch
Streckung der Arme und anschließendem Abklappen der Handgelenke nach
unten (Abb. 40).

Beidhändiger Bodenpaß

Der Bodenpaß entspricht in seinen
wesentlichen Technikmerkmalen dem
Brustpaß. Der Schwerpunkt des Kör-
pers wird jedoch stärker als beim Brustpaß nach vorne unten verlagert. Der
Ball soll etwa nach zwei Drittel des Paß-
weges auf dem Boden aufsetzen.

Abb. 38: Ballhaltung in
Basketballgrundstellung

Beidhändiger Überkopfpaß

Grundhaltung wie beim Brustpaß; der Ball wird über dem Kopf mit leicht ge-
beugten Armen gehalten. Der Paß erfolgt mit einer leichten Ausholbewegung, wobei – wie beim Brustpaß – die Arme gestreckt und die Handgelenke abgeklappt
werden. Der Ball kann so gepaßt werden, daß er in Überkopf- oder in Brusthöhe
ankommt (Abb. 39).

Hinweis Es ist darauf zu achten, daß die Ellenbogen während der Bewegung nicht
nach oben zeigen und die Handflächen nicht nach außen abgeklappt werden.

Abb. 39: Beidhändiger Überkopfpaß (Darstellung von rechts nach links)

Die Paßbewegung wird durch den Körper unterstützt, indem der Rechtshänder mit dem rechten Bein einen Schritt nach vorne macht, der Linkshänder mit dem linken (Abb. 40).

Fehler beim Passen
– die Handgelenke werden nicht abgeklappt;
– die Ellenbogen werden seitlich abgewinkelt;
– der Ball setzt beim Bodenpaß nicht nach zwei Dritteln der Paßentfernung auf;
– der Ball wird beim Überkopfpaß durch eine extreme Ausholbewegung hinter den Kopf geführt (Fußballeinwurf!).

Abb. 40: Beidhändiger Brustpaß

Zum *Fangen des Balles* werden beide Arme mit Gewichtsverlagerung nach vorne gestreckt. Bei der Annahme wird durch Heranziehen des Balles an den Körper dessen Bewegung aufgenommen. Gleichzeitig wird er so vor dem Gegner geschützt (Abb. 41).

Fehler beim Fangen
– die Arme werden dem Ball nicht entgegengestreckt;
– die Daumen zeigen nach vorne (Verletzungsgefahr!);
– der Ball wird zum Sichern nicht an den Körper geführt.

Die Übungsstunde

AUFWÄRMEN

❶ «Brettball»: Zwei Mannschaften spielen auf dem Basketballfeld mit einem Soft- oder Volleyball. Die jeweilige Mannschaft in Ballbesitz paßt sich den Ball zu (Dribbeln ist nicht erlaubt!) und versucht, diesen gegen das ihr vorher zugeteilte Brett zu werfen. Ein Punkt kann nur erzielt werden, wenn der Ball nach Brettberührung von einem Spieler aus der angreifenden Mannschaft gefangen wird, bevor er auf den Boden fällt oder von einem Gegenspieler berührt wird. Es gibt keinen Punkt, wenn derjenige Spieler, der den Ball an das Brett geworfen hat, den Ball selbst wieder auffängt. Gelangt die Gegenpartei in Ballbesitz, versucht sie ihrerseits, Punkte zu erzielen.

Abb. 41: Fangen

❷ Zu zweit im Stand; Technikerläuterung und -demonstration der Paßarten: Brustpaß, Bodenpaß, Überkopfpaß. Nach einer kurzen Übungsphase, in der der Lehrer oder Übungsleiter grobe Fehler korrigieren soll, bekommen die Spieler die Zusatzaufgabe, die Entfernung zu variieren: Der Paßgeber geht nach jedem Paß einen halben Schritt zurück. Ab einer vorgegebenen Linie gehen die Partner nach dem gleichen Prinzip wieder langsam aufeinander zu.

❸ Zwei Spieler mit zwei Bällen: Ein Spieler macht nur Brust-, der andere nur Bodenpässe usw.; mit einem Ball werden nur Überkopfpässe, mit dem anderen nur Bodenpässe ausgeführt usw.

❹ Zwei Paare mit je einem Ball stellen sich im Quadrat auf, wobei die jeweiligen Partner sich diagonal gegenüberstehen. Die Paßart ist vorgegeben, das Tempo soll zunehmend erhöht werden. Unterstützend bietet sich ein Wettspiel an: Welches Paar hat zuerst 30 beziehungsweise 50 Brust-, Boden- oder Überkopfpässe gespielt? (Später auch ein Durchgang mit verschiedenen Paßarten.)

❺ «Tigerball»: Die Spieler bilden Dreiergruppen. Zwei Spieler passen sich zu, während der dritte Spieler die Aufgabe hat, dieses zu verhindern. Dabei muß er den im Ballbesitz befindlichen Spieler angreifen und stören. Gewechselt wird, sobald der «Verteidiger» den Ball abfängt oder berührt.
Die beiden Zuspieler dürfen ihre Position nicht verlassen und sollen möglichst viele Variationen des Passens finden. Dies kann in einer anschließenden kurzen Gesprächsphase vertieft werden. Wichtig ist, daß die Spieler von Anfang an lernen, das Verteidigerverhalten zu antizipieren, situationsgemäß zu passen und Finten sowie Paßvariationen anzuwenden.

HAUPTTEIL

❶ Korbwurf nach Zuspiel
Zu zweit einen Ball. Spieler 1 sucht sich eine Position innerhalb der Zone und erhält von Spieler 2 einen Paß *im Stand*. Er wirft auf den Korb und sichert anschließend den Ball. Währenddessen sucht sich Spieler 2 eine Position, bekommt den Paß von Spieler 1 und schließt nach Ballerhalt mit Korbwurf ab. Anfangs soll der ballannehmende Spieler den Paß direkt von vorne und nicht von der Seite erhalten, damit er sich auf den Wurf konzentrieren kann und nicht erst den Ball in Position bringen muß.

Die Übung kann auch als Wettspiel durchgeführt werden: Welches Paar hat zuerst 15 Treffer erzielt? Dann sind durch entsprechende Markierungen feste Wurfpositionen vorzugeben.

Hinweis Falls nur zwei Körbe zur Verfügung stehen, sollte die Übung mit maximal drei oder vier Paaren pro Korb durchgeführt werden. Die anderen Spieler können in der Mitte des Spielfeldes mit Dribbelaufgaben (Dribbelfinten) sowie Dribbelwettkämpfen beschäftigt werden.

❷ Korbleger nach Zuspiel (wie 1). Nach Ballerhalt und Sternschrittauflösung dribbelt der jeweilige Spieler zum Korb (s. Einheit 3) und schließt mit einem Korbleger ab. Im weiteren Verlauf der Übung können die Spieler frei entscheiden, ob sie einen Korbwurf oder einen Korbleger ausführen.

Hinweis Es ist darauf zu achten, daß die Pässe später auch von rechts und von links erfolgen und die Spieler die Wurfpositionen variieren (Entfernung, rechte/linke Seite, Korbleger rechts und links, nach Einer- und Zweierkontakt).

❸ Wurfspiel. An jedem Korb stehen maximal zwei Gruppen mit je einem Ball. Nach fünf Treffern von einer Position erfolgt ein Sprint der Gesamtgruppe zur gegenüberliegenden Hallenseite und zurück; dann wird von der nächsten Position geworfen (Abb. 42).

Abb. 42

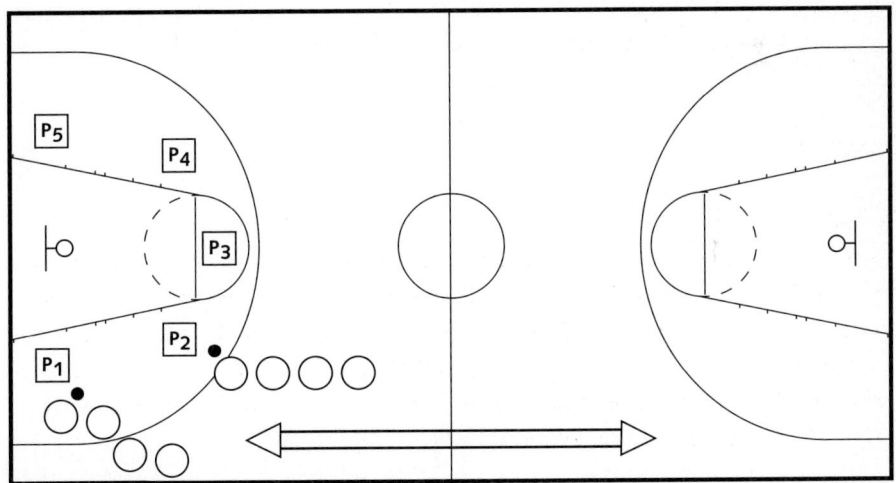

SCHLUSS

Spiel 5–5.

Oder alternativ: Spiel 3–3 nach Streetballregeln.

Oder alternativ: Überzahlspiel 3–3+1 auf einen Korb. Der «Überzahlspieler» gehört zur jeweils angreifenden Mannschaft.

Weitere Übungen

❶ Aufstellung siehe Abbildung 43: Aus seiner Position unter dem Korb paßt ein Zuspieler den Ball zu Spieler 1. Dieser wirft auf den Korb, holt den Rebound und wird zum Zuspieler. Der bisherige Zuspieler stellt sich bei seiner Gruppe an.

Abb. 43   Abb. 44

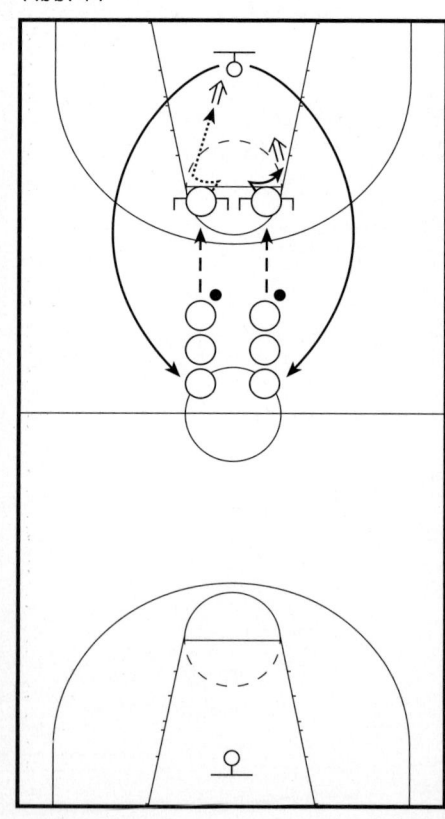

❷ Wie 1, nach Ballerhalt täuschen die Spieler einen Korbwurf an, ziehen aber dann mit ein oder mehreren Dribblings zum Korb und schließen mit Korbleger ab.

❸ Aufstellung siehe Abbildung 44: Die Aufbau- und Postpositionen sind besetzt. Der Post (mit dem Rücken zum Korb) wird mit einem Boden- oder Brustpaß angespielt, dreht sich mit einem Sternschritt und macht einen Korbwurf oder Korbleger. Nach dem Rebound paßt er den Ball zur Gruppe zurück und schließt sich hinten an. Der Zuspieler wird Post usw. Nach einigen Durchgängen erfolgt ein Seitenwechsel der beiden Gruppen.

In einer Übungsvariation wird der Brettcenter vom Flügel angespielt (Abb. 45).

Abb. 45

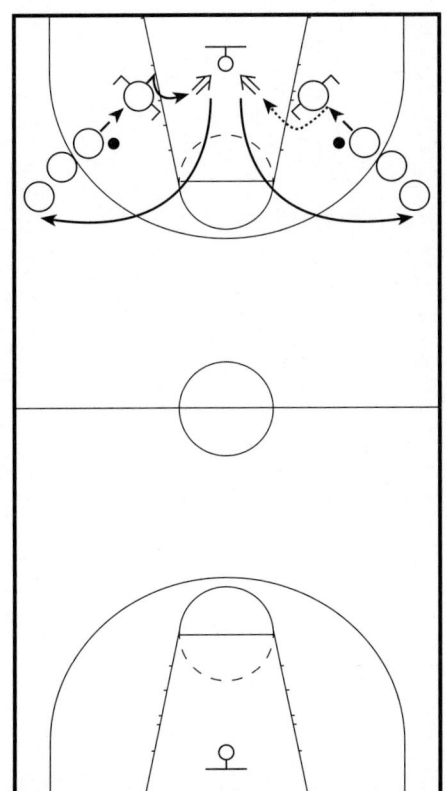

Spezielle Paßübungen im Stand

❶ Die Spieler zweier Mannschaften stellen sich abwechselnd im Kreis auf (Abb. 46). Jede Mannschaft hat einen Ball (beim Start möglichst gegenüber). Auf ein Zeichen werden die Bälle innerhalb der eigenen Mannschaft in die gleiche Richtung gepaßt (Brustpässe). Durch möglichst schnelles Paßspiel soll der gegnerische Ball überholt werden.

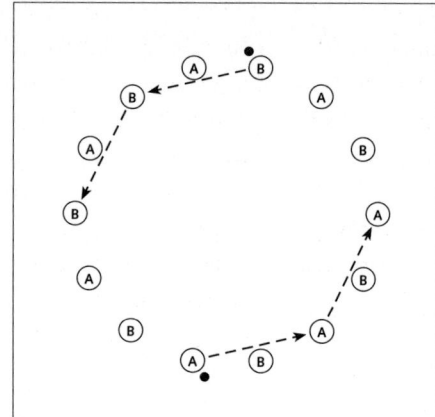

Abb. 46

❷ [K] Dreiergruppen (zwei Zuspieler mit, ein Spieler ohne Ball, Abb. 47). Der Spieler ohne Ball bekommt einen Paß, spielt den Ball zurück und läuft auf gleicher Höhe zum zweiten Zuspieler, usw. Der Paß soll so erfolgen, daß er im Stand angenommen werden kann. Die Paßarten sind zu variieren.

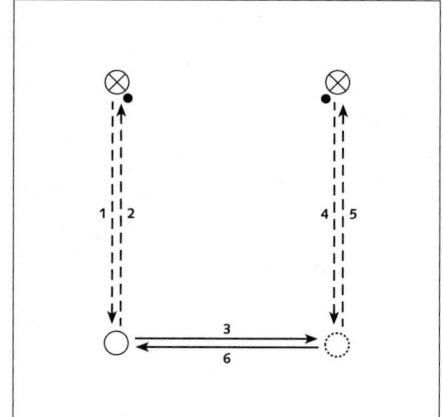

Abb. 47

❸ [K] Passen und Nachlaufen (mit mindestens sechs Spielern): Es wird immer
nach rechts gepaßt, anschließend wechseln die Spieler gemäß Abbildung 48 die
Positionen.

Variation Aufstellung im Kreis (gerade Spieleranzahl), der Ball wird in eine Richtung gepaßt, anschließend werden die Positionen diagonal gewechselt
(auch mit zwei Bällen).

Abb. 48

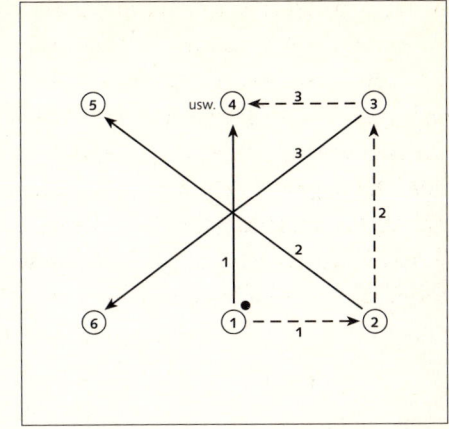

❹ [F] Aufstellung siehe Abbildung 49:
acht Spieler, zwei Bälle. Spieler 1 und 3
laufen aufeinander zu, *stoppen*, bekommen auf Handzeichen jeweils einen Paß
von links und spielen ihn der gegenü-
berstehenden Gruppe zu, an der sie sich
auch anstellen. Dann laufen Spieler 2
und 4 los usw.

Abb. 49

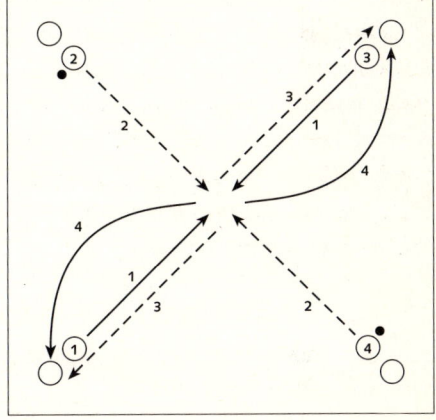

Einheit 7: Korbwurf / Korbleger nach Ballannahme in der Bewegung (2–0)

In Einheit 6 sind Korbwürfe und Korbleger im Anschluß an die Ballannahme im Stand geschult worden. Jetzt geht es um Korbwurfaktionen und Pässe, die sich an eine Ballannahme *in der Bewegung* anschließen. Dieser Lernbereich ist sehr komplex. Da es sich um koordinativ anspruchsvolle Bewegungen handelt, treten beim Erlernen häufig Schwierigkeiten auf. Das einbeinige Abspringen und beidbeinige Landen sowie erforderliche Stoppbewegungen stellen hohe Anforderungen an das Gleichgewichtsvermögen der Spieler. Außerdem kommt es in dem genannten Bereich erfahrungsgemäß am häufigsten zu Schrittfehlern. Damit sich keine falschen Bewegungsmuster festsetzen, muß in dieser Einheit viel korrigiert werden.

Drei Möglichkeiten werden im folgenden angesprochen:

- Nach Ballannahme in der Bewegung kommt der Spieler zum Stopp. Anschließend kann er passen, dribbeln oder auf den Korb werfen, wobei diesen Aktionen ein Sternschritt vorausgehen kann;
- Ballannahme und Ballabgabe (= Passen und Fangen) in der Bewegung;
- nach Ballannahme in der Bewegung dribbelt der Spieler sofort weiter beziehungsweise führt direkt nach ein oder zwei Kontakten einen Korbleger aus.

Während die Möglichkeiten unter Punkt 1 im Aufwärmteil dieser Einheit behandelt werden, geht es im Hauptteil um die beiden anderen Bereiche.

Bewegungsbeschreibung Passen und Fangen in der Bewegung

Passen sich zwei Spieler den Ball in der Bewegung zu, so muß der Paßgeber den Ball *in den Laufweg* seines Mitspielers passen. Der annehmende Spieler hat folgende Möglichkeiten:

- Er spielt den Ball nach ein oder zwei Fußkontakten sofort wieder ab (siehe Schrittregel);
- er beginnt, nach Ballerhalt zu dribbeln, wobei das Aufsetzen des Balls gleichzeitig mit dem ersten Fußkontakt erfolgen muß;
- er kommt mit der Ballannahme zum Stand (Parallel- oder Schrittstopp, vgl. Einheit 3).

Fehler
- Schrittfehler beim Passen;
- der Ball wird in den Rücken des Partners gespielt.

Die Übungsstunde

AUFWÄRMEN

❶ Zu zweit einen Ball. Spieler 1 bekommt den Ball von Spieler 2 in der Bewegung zugepaßt und macht nach Ballerhalt einen Stoppschritt. Spieler 2 läuft nach dem Abspiel durch die Halle und bekommt nun seinerseits den Ball zugespielt.

❷ Korbwurf nach Ballannahme in der Bewegung
Zu zweit einen Ball. Spieler 1 erhält den Ball *in der Bewegung* (in der Zone), kommt zum Stopp, macht einen Korbwurf mit oder ohne vorausgehenden Sternschritt und holt den eigenen Rebound. Spieler 2 läuft währenddessen zur Mittellinie und bekommt anschließend innerhalb des Drei-Sekunden-Raumes einen Paß usw.

❸ Korbleger nach Ballannahme in der Bewegung
Wie 2: Nachdem der jeweilige Spieler zum Stopp gekommen ist, dribbelt er nach Sternschrittauflösung zum Korb und schließt mit einem Korbleger ab.

Hinweis Es ist darauf zu achten, daß die Pässe von rechts und von links erfolgen und die Spieler die Wurfpositionen variieren (Entfernung, rechte / linke Seite, von vorne, Korbleger rechts und links, nach ein und zwei Kontakten).

HAUPTTEIL

❶ Demonstration der Ballannahme und -abgabe in der Bewegung.

❷ Zu zweit einen Ball. Beide Spieler passen sich den Ball in der Bewegung auf einer Hallenlängshälfte zu, Abschluß Korbleger. Anschließend wird die Übung auf der anderen Hallenlängshälfte fortgesetzt (Abb. 50). Es kann zwischen Brust- und Bodenpässen variiert werden.

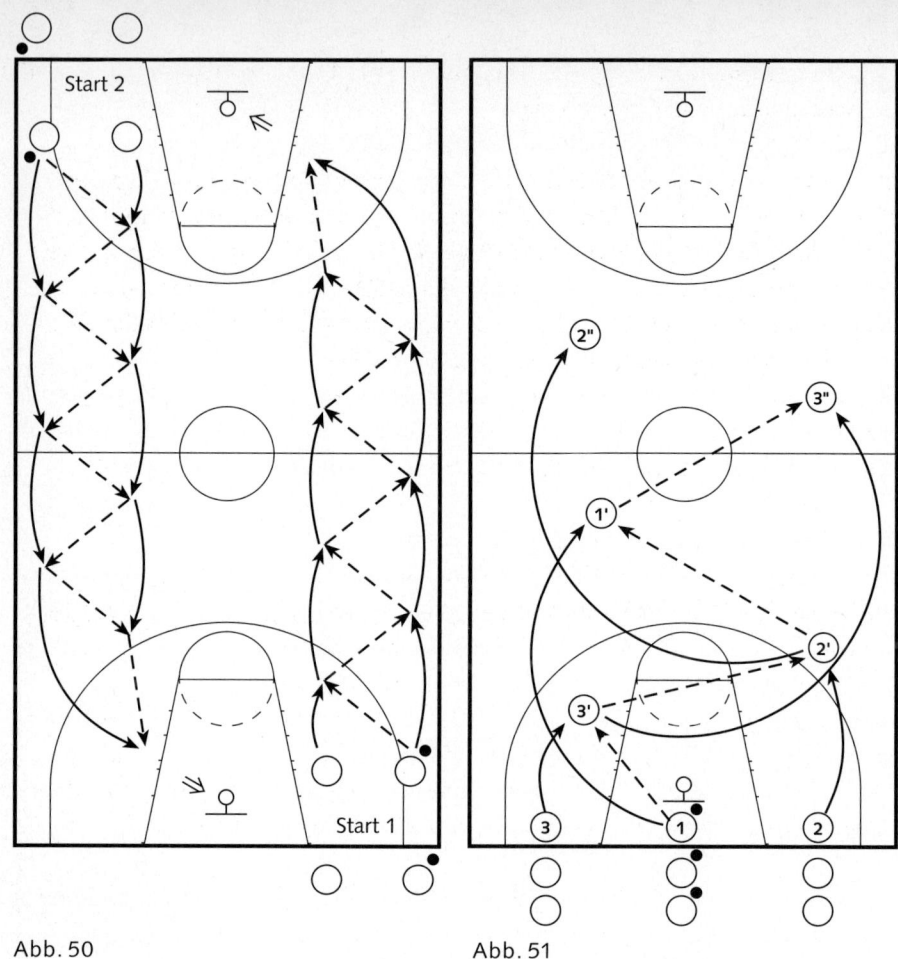

Abb. 50   Abb. 51

❸ Zu dritt einen Ball. Die Spieler passen sich den Ball wie in Übung 2 mit Brust- oder Bodenpaß zu. Der Ball soll immer über die Mitte gespielt werden.

❹ Achterlaufen: Zu dritt einen Ball. Der Spieler in der Mitte paßt nach außen und läuft seinem Ball nach. Der Ballbesitzer paßt zur anderen Seite und läuft ebenfalls seinem Paß hinterher usw. (Abb. 51).

Hinweise
- Der nachlaufende Spieler muß immer *hinter* dem Spieler, den er angepaßt hat, auf seine neue Position laufen.
- Der Ball soll immer nach vorne gespielt werden.

- Der nachlaufende Spieler muß deshalb einmal kurz antreten, um den nach vorne gespielten Ball zu erreichen.

❺ Aufstellung wie in Abbildung 52: Jeweils fünf Spieler stehen als Zuspieler am linken und rechten Spielfeldrand. Die übrigen Spieler mit Ball stehen in zwei diagonal gegenüberliegenden Ecken. Die beiden ersten Spieler passen den Ball zum vorderen Zuspieler auf ihrer Seite, laufen dem Ball nach, erhalten ihn zurück, passen zum nächsten Zuspieler usw. Nach Erhalt des letzten Zuspiels schließen sie mit Korbleger ab und stellen sich an der Gegengruppe an.

Variationen
- rechts- und linksherum;
- Paßart ist vorgegeben;
- die Zuspieler legen die Art des Passes fest, mit der gleichen Technik muß zum nächsten Zuspieler gepaßt werden.

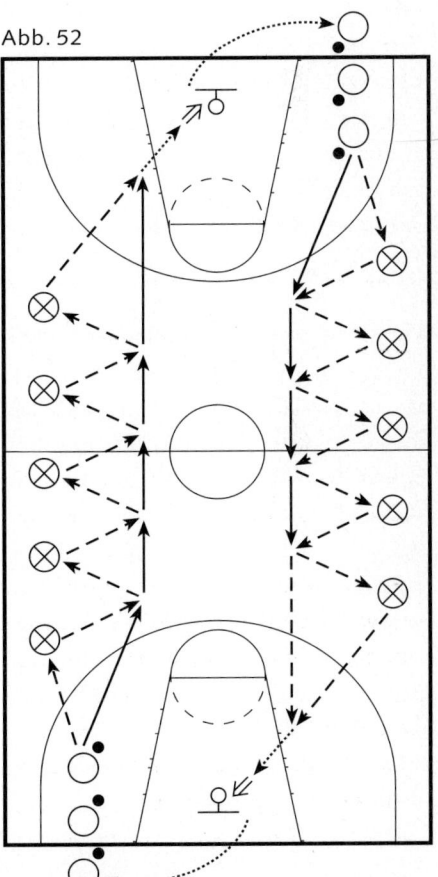

Abb. 52

SCHLUSS
Spiel 5–5.

Oder alternativ: Spiel 5–5 *ohne Dribbeln.*

Oder alternativ: Überzahlspiel 3–3+1 ohne Dribbeln auf einen Korb.

Weitere Übungen

❶ Zwei Mannschaften stellen sich jeweils auf einer Hallenlängshälfte hinter der Grundlinie auf und bilden Paare. Die Paare passen sich den Ball zu, nach einmaligem Korbwurfversuch laufen sie außerhalb des Spielfeldes zurück und stellen sich bei ihrer Gruppe an. Welche Mannschaft hat zuerst 15 Treffer erzielt?

❷ Aufstellung wie 1: Jede Mannschaft hat acht Bälle in einem Kasten oder Ballwagen. Bei einem erfolgreichen Korb nach 2–0 wird der Ball in den Kasten der Gegenmannschaft gelegt, bei einem Fehlwurf muß der Ball von derselben Mannschaft noch mal gepaßt und geworfen werden. Welche Mannschaft hat zuerst ihren «Ballkasten» geleert?

❸ Aufstellung siehe Abbildung 53: Die Zuspieler neben den Kästen nehmen sich einen Ball und passen den zum Korb laufenden Spieler an. Dieser dribbelt in die Zone, schließt mit Korbleger ab und holt den Rebound. Anschließend legt er den Ball auf der Gegenseite in den Kasten und stellt sich an der Gegengruppe an.

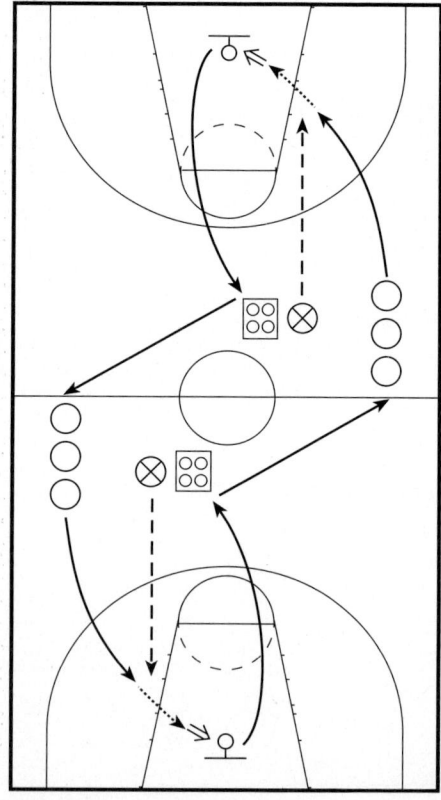

Abb. 53

Variation Abschluß Stopp – Korbwurf.

❹ [F] Die Übenden verteilen sich auf die vier Ecken eines Quadrats, ein Ball. Spieler 1 paßt den Ball zu Spieler 2, läuft seinem Paß nach, bekommt den Ball zurück, paßt ihn zu Spieler 3 und stellt sich bei der Gruppe an (Abb. 54). Spieler 2 läuft nach seinem Paß ebenfalls los, erhält den Paß von Spieler 3, paßt zu Spieler 4 und stellt sich dort an (Abb. 55). Spieler 3 verhält sich wie Spieler 2 usw. (später auch mit zwei Bällen: Start gegenüber).

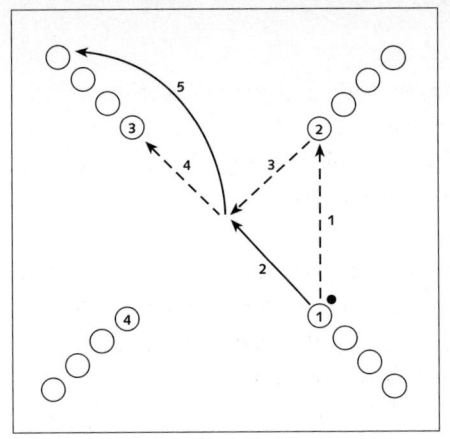

Abb. 54

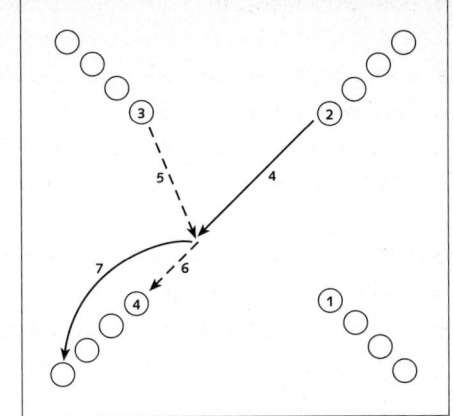

Abb. 55

Abb. 56

Abb. 57

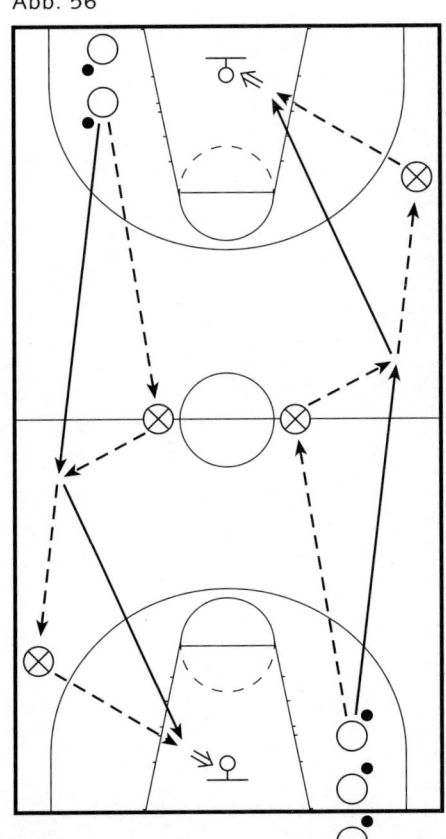

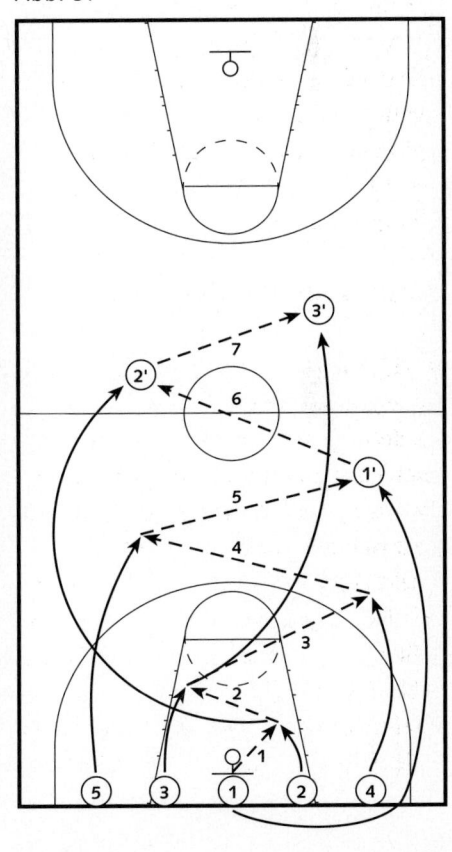

❺ [F] Aufstellung siehe Abbildung 56: zwei Gruppen mit Ball, vier Zuspieler. Spieler 1 paßt den Ball in die Mitte, läuft dem Ball nach, bekommt den Paß zurück, paßt ihn zum nächsten Zuspieler in die Spielfeldecke und schließt nach erneutem Rückpaß mit Korbleger ab (auch von links!).

❻ [F] Achterlaufen (s. Übung 4, Hauptteil) mit fünf, anschließend mit sieben Spielern: Die ersten beiden Pässe erfolgen (wie beim Achterlaufen) von Spieler 1 auf 2 und von Spieler 2 auf 3. Der dritte Paß wird von Spieler 3 zu Spieler 4 gespielt, der vierte Paß von Spieler 4 auf Spieler 5. Spieler 5 paßt zu dem außen herumgelaufenen Spieler 1 usw. (Abb. 57).

Einheit 8: Korbwurf / Korbleger nach Freilaufen (1 – 1 + 1)

In den bisherigen Einheiten wurden die Spielaktionen entweder *mit einem Mitspieler* oder *gegen einen Gegenspieler* ausgeführt. Die in Einheit 6 und 7 erlernten Techniken der Ballannahme und Ballabgabe im Stand und in der Bewegung sollen nun in eine spieltypische Situation mit Mitspieler *und* Gegner eingebunden werden. Im Mittelpunkt der vorliegenden Einheit steht das Lösen vom Gegner und das Anbieten zum Ball sowie das Freilaufen zum Korb:

- *Anbieten* auf einer korbgefährlichen Position
  Der Angreifer geht nah an den Verteidiger heran (so daß dieser möglichst zurückweicht) und macht sich anschließend mit ein bis zwei Schritten nach außen anspielbereit. Dies muß möglichst auf einer korbnahen Position erfolgen, damit nach Ballerhalt ein sofortiger Wurf möglich ist. Wichtig ist, daß sich der Angreifer nicht zu weit nach außen, also vom Korb weg, drängen läßt.
- *Freilaufen*
  Unter *Freilaufen* versteht man das Erreichen einer 1–0-Situation mit Hilfe von Täuschungen. Der Angreifer hat die Möglichkeit, sich vor (*Schneiden zum Korb*) oder *hinter* dem Gegenspieler (*Schneiden im Rücken* oder *Backdoorgehen*) freizulaufen. Vorher führt er eine Täuschung in Gegenrichtung durch.
  Spielhandlungen, die ein Freilaufen beinhalten und wie folgt ablaufen, werden unter dem Oberbegriff des *Give and Go* zusammengefaßt: Ein Angreifer in Ballbesitz (mit Verteidiger) paßt zu seinem sich anbietenden Mitspieler. Anschließend versucht er, sich von seinem Gegenspieler zu lösen, um möglichst in eine 1–0-Situation zu gelangen. Bekommt er im richtigen Moment den Paß zurückgespielt, kann er frei zum Korb ziehen. Give and Go wird häufig gespielt, da es unkompliziert ist und sehr erfolgreich sein kann.

Um den Angreifer von Anfang an zum richtigen Freilaufen zu zwingen, ist es wichtig, daß die Verteidiger angewiesen werden, eine relativ aggressive Abwehr zu spielen. Aus dem Verhalten des Abwehrspielers muß der Angreifer entnehmen, ob er eher vor dem Verteidiger schneiden oder in dessen Rücken zum Korb gehen soll. Bei einer sehr aggressiven Abwehr beispielsweise bietet es sich in den meisten Fällen an, Backdoor zu gehen, weil der Verteidiger den direkten Paßweg zumacht. Eine wichtige Aufgabe kommt dem Paßgeber zu. Er entscheidet, wann sein Mit-

Abb. 58: Anbieten

spieler anspielbereit ist, und er muß zum richtigen Zeitpunkt den Ball passen. Dies macht erfahrungsgemäß Anfängern besondere Schwierigkeiten und muß eventuell durch akustische Hilfen unterstützt werden. In diesem Zusammenhang ist die Kommunikation der beiden Angriffsspieler von großer Bedeutung, da der sich freilaufende Spieler beispielsweise ein Schneiden zum Korb antäuschen kann, sich dann aber für das Backdoorgehen entscheidet. Um Fehlpässe zu verhindern, kann man Zeichen absprechen: Zum Beispiel bedeutet das Zeigen der Faust, daß der Spieler auf jeden Fall im Rücken des Abwehrspielers zum Korb schneidet.

Abb. 59: Schneiden zum Korb

Bewegungsbeschreibung des Anbietens

Zum Anbieten (zumeist auf der Flügel- oder Brettcenterposition) macht der Angreifer ein bis zwei Schritte auf seinen Gegenspieler zu. Dabei kann er mit dem gegnernahen Arm Kontakt mit dem Verteidiger aufnehmen. Anschließend macht er einen Schritt nach außen und zeigt mit der Außenhand an, daß er anspielbereit ist. Besonders wichtig ist, daß sich der Angreifer mit einem Schritt vom Gegner löst. Dadurch wird verhindert, daß der Verteidiger das Anspiel stört (Abb. 58).

Hinweis Bei der Kontaktaufnahme mit dem Gegner darf der Angreifer nicht den Ellenbogen verwenden und den Verteidiger nicht wegschieben (Angreiferfoul!).

Fehler
– der Angreifer ohne Ball läßt sich zu weit nach außen drängen und erhält dadurch den Ball nicht auf einer korbgefährlichen Position;
– der Angreifer ohne Ball zeigt nicht an, wo er das Anspiel bekommen will;
– der Paßgeber spielt den Ball im falschen Moment.

Bewegungsbeschreibung des Freilaufens

Schneiden zum Korb
Der Spieler täuscht mit ein bis zwei Schritten an, daß er sich im Rücken des Verteidigers freilaufen will (Abb. 59). Mit einem Richtungswechsel und gleichzeitiger

Abb. 60: Abrollen am Gegner

Tempoerhöhung (kurzer, schneller Antritt) entscheidet er sich, vor dem Verteidiger zum Korb zu schneiden. Dabei soll er jederzeit Blickkontakt mit dem ballbesitzenden Mitspieler haben und mit der korbnahen Hand seine Bereitschaft zur Ballannahme anzeigen.

Der Richtungswechsel kann auch mit einer Abrollbewegung eingeleitet werden. Im Anschluß an die Täuschung dreht sich der jeweilige Angreifer auf dem gegnernahen Bein mit dem Gesicht zum Ball in Richtung Korb und behält somit gleichzeitig den Gegenspieler im Rücken (Abb. 60).

Abb. 61: Schneiden im Rücken

Schneiden im Rücken

Der Angreifer bietet sich zum Ball hin an. Häufig reagiert der Verteidiger, indem er in den Paßweg geht. Das öffnet dem Angreifer die Backdoorseite, zu der er sich nach Blickkontakt oder einem abgesprochenen Zeichen anbietet. Am effektivsten ist diese Variante für korbnahe Flügel oder tiefstehende Brettcenter (Abb. 61).

Fehler

- die Täuschung fehlt;
- der Angreifer schneidet nicht eng genug an seinem Gegenspieler vorbei, so daß dieser erneut in eine günstige Verteidigungsposition gelangen kann;
- schlechte Verständigung und schlechtes Timing von Paßgeber und schneidendem Spieler.

Die Übungsstunde

AUFWÄRMEN

❶ Achterlaufen zu dritt (s. Einheit 7).

❷ Komplexübung (Abb. 62)
Slalomdribbeln – Korbleger – eigener Rebound – Dribbeln – Paß zur Mitte – Ball-
annahme – Paß nach außen – Ballannahme – Abschluß Korbwurf. Der nächste
Spieler startet bereits, wenn der erste die Mittellinie erreicht hat.

Abb. 62   Abb. 63

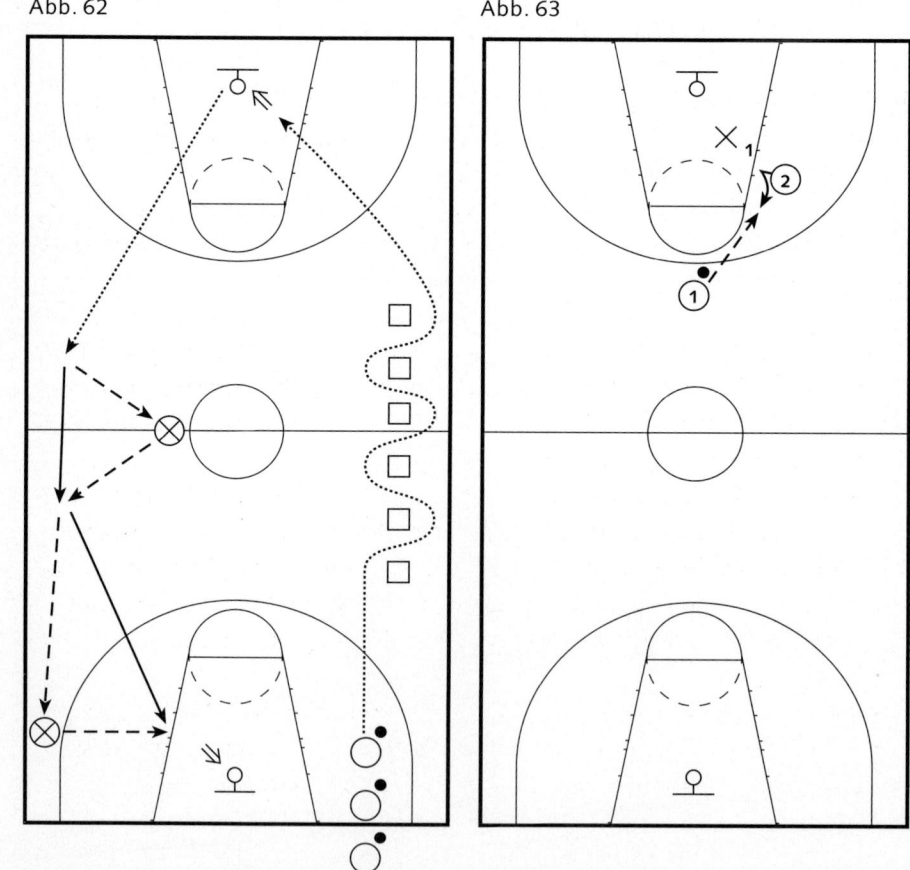

❶ Dreiergruppen (2 Angreifer, 1 Verteidiger) mit einem Ball (Abb. 63): Spieler 1 ist im Ballbesitz und befindet sich auf der Aufbauposition. Spieler 2 bietet sich zum Ball hin an, nach Ballerhalt wird 1–1 gespielt (siehe Technikbeschreibung: Anbieten zum Ball).

Hinweise Es ist besonders darauf zu achten, daß sich der anbietende Spieler nach Ballerhalt korbgefährlich macht (z. B. Wurftäuschung). Zu diesem Zweck kann man das Spielfeld so begrenzen, daß Spieler 2 darauf achten muß, nicht zu weit vom Korb entfernt den Ball zu bekommen.
Stehen nicht genügend Körbe zur Verfügung, kann die Übung auch ohne Korbanlage durchgeführt werden: Nach erfolgtem Paß zu Spieler 2 tauschen Spieler 1 und 2 (dribbeln!) die Positionen. Spieler 2 macht auf der Aufbauposition einen Stopp und anschließenden Sternschritt, und die Übung kann von vorne beginnen. Der Verteidiger wird regelmäßig gewechselt.

❷ Es wird folgende Situation vorgegeben: Ein Angreifer in Ballbesitz befindet sich mit einem Verteidiger auf der Flügelposition nahe der Zone. Der zweite Angreifer ist auf der Aufbauposition zwischen Drei-Punkte-Linie und Zone. Der Flügelspieler paßt zum Aufbauspieler und soll anschließend versuchen, sich zum Korb hin freizulaufen, so daß er den Rückpaß erhalten und mit Korbwurf/Korbleger abschließen kann.

Hinweise Die Spieler sollen selbständig die beiden Möglichkeiten des «Schneidens zum Korb» und «Schneidens im Rücken» erarbeiten und demonstrieren können. In einer kognitiven Phase kann erläutert werden, daß durch eine Richtungstäuschung der Verteidiger ausgespielt werden kann.
Danach erfolgt nochmals die praktische Umsetzung mit der Anweisung, «intensiver» zu verteidigen. Es sollen beide Flügelseiten und verschiedene Positionen Berücksichtigung finden: Zum Beispiel steht der Angreifer, der sich freilaufen soll, auf der Postposition (Abb. 64), das heißt vor der Freiwurflinie mit dem Rücken zum Korb; der Zuspieler steht auf einer der beiden Flügelpositionen.

Variante Der Aufbauspieler schneidet, nachdem er den Ball zum Flügel gepaßt hat, zum Korb. Dies ist erfolgversprechend nach einer Täuschung (Schneiden im Rücken) mit Abrollbewegung am Gegner durchzuführen (s. Abb. 60).

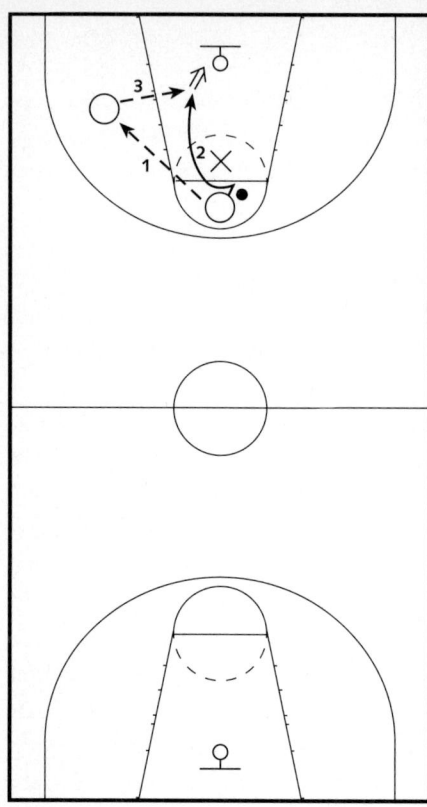

Abb. 64

❸ 1–1+1: Die beiden Angreifer besetzen zwei beliebige Spielpositionen. Der Verteidiger befindet sich anfangs beim Ballbesitzer. Die Angreifer haben die Aufgabe, möglichst schnell zum Korberfolg zu gelangen. Je nach Verteidigerverhalten sind situativ angemessene Entscheidungen zu fällen.

❹ Wurfspiel 21: s. Einheit 1, Übung 6 (Hauptteil).

SCHLUSS
Spiel 5–5.

Oder alternativ: Spiel 3–3 nach Streetballregeln.

Oder alternativ: Spiel 3–3+1 auf einen Korb. Ein Korbwurfversuch ist erst dann erlaubt, wenn innerhalb der Mannschaft mindestens vier Pässe gespielt worden sind, wobei nicht jeder Spieler in Ballbesitz gewesen sein muß.

Weitere Übungen

❶ Aufstellung siehe Abbildung 65: Zwei Gruppen, bis auf die Spieler 2 haben alle einen Ball. Die Spieler 1 jeder Gruppe dribbeln zur Mitte (aneinander vorbei, Anwendung von Dribbelfinten) und passen den Ball zu Spieler 2. Anschließend schneiden beide Spieler nach einer Richtungsänderung zum Korb, erhalten von Spieler 3 den Ball zurück und schließen mit Korbleger ab. Nach eigenem Rebound stellen sie sich an der anderen Gruppe an. Spieler 2 beginnt sofort nach Ballerhalt mit dem Dribbling.

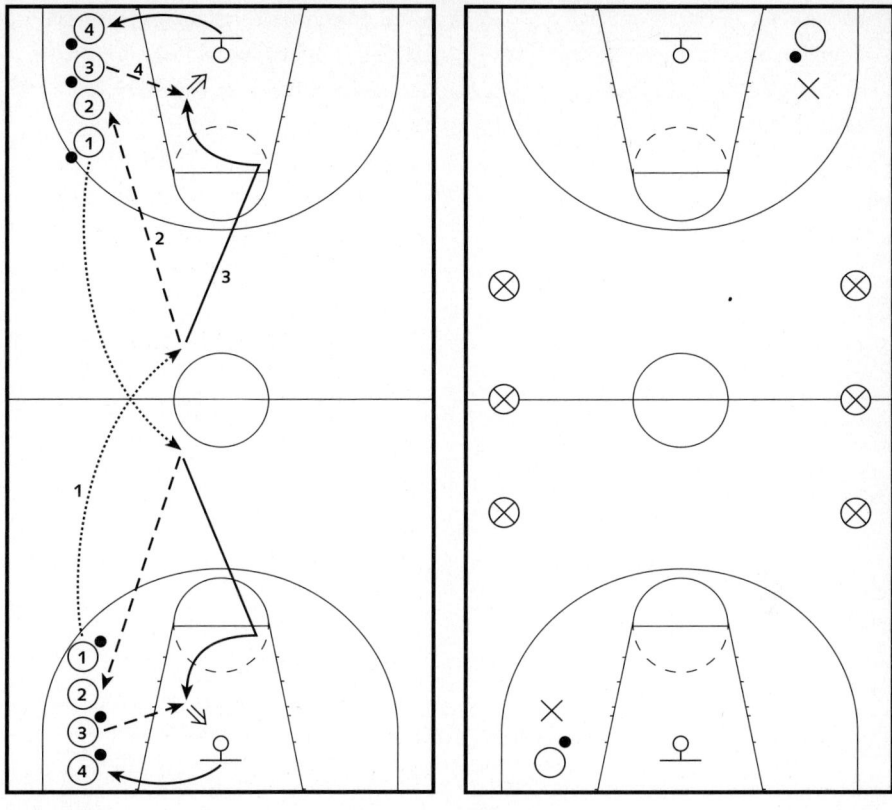

Abb. 65　　　　　　　　　　Abb. 66

Variationen

- Abschluß Stoppen – Korbwurf;
- an der Freiwurflinie steht ein Verteidiger, vor oder hinter dem sich freigelaufen werden muß (Schneiden zum Korb, Schneiden im Rücken);
- die andere Spielfeldlängshälfte kann ebenfalls genutzt werden, das heißt, vier Gruppen können üben.

❷ Aufstellung siehe Abbildung 66: Auf beiden Spielfeldlängshälften wird 1–1 gespielt. Dabei soll der Angreifer nacheinander drei Zuspieler anspielen und sich anschließend zum Rückpaß freilaufen.

❸ Wie in Übung 1 des Hauptteils läuft sich der Flügelspieler nach Paß zum Aufbauspieler frei. Ein Schneiden im Rücken muß mit einem abgesprochenen Zeichen angekündigt und dann auch durchgeführt werden. Weiterhin soll der sich freilaufende Spieler deutlich anzeigen, wo er den Ball annehmen möchte. Der Zuspieler soll lernen, im richtigen Moment und genau in die Bewegung zu passen. Ziel dieser Übung ist die Absprache von zwei Angreifern mit Hilfe von Handzeichen (z. B. «Faust»).

Einheit 9: Korbwurf / Korbleger aus der Grund-situation 2−2

Das Spiel 2−2 ist grundlegend für das Zusammenspiel im komplexen Zielspiel 5−5. Zahlreiche Situationen lassen sich auf ein Spiel 2−2 reduzieren. Schulen die Spielanfänger hier ihr taktisches Verhalten, werden sich positive Auswirkungen auf ein verbessertes Mannschaftsspiel erkennen lassen.

Gegenüber der Einheit 8 wird die Überzahlsituation 1−1+1, um einen Abwehrspieler erweitert; jeder Spieler hat also einen festen Gegenspieler. Damit werden die Wahrnehmungsanforderungen an alle Spieler erhöht: Beispielsweise muß der ballführende Angreifer nicht nur seinen Mitspieler und seinen Gegenspieler beobachten, sondern zusätzlich das Verhalten eines weiteren Abwehrspielers in seine Spielhandlungen mit einbeziehen.

Die Grundsituation 2−2 beinhaltet zahlreiche neue Aspekte, sowohl im Angriff als auch in der Abwehr, die in der vorliegenden Einheit erlernt, erprobt und geübt werden sollen. Grundsätzlich kann der ballführende Angreifer die Situation *individuell* oder *im Zusammenspiel mit seinem Mitspieler* lösen: Im ersten Fall kann er auf den Korb werfen (wenn er nicht eng verteidigt wird) oder 1−1 zum Korb ziehen (Anwendung und Weiterführung von Einheit 4). Im zweiten Fall kann er den Ball zu seinem Mitspieler passen, der sich freigelaufen hat (Einheit 8).

Die Aufwärmphase und die ersten Übungen des Hauptteils beschäftigen sich schwerpunktmäßig mit der Verbesserung der Individualverteidigung. Zwei grundlegende Verteidigungstechniken sind zu unterscheiden:

- Verteidigung gegen einen Spieler mit Ball;
- Verteidigung gegen einen Spieler ohne Ball.

Die Grundsätze des Verteidigungsverhaltens gegen einen Dribbler wurden bereits in Einheit 4 aufgeführt. Die Beinarbeit und Gleitschrittechnik wird in den folgenden Übungen weiter verbessert, zusätzlich lernen die Spieler, gegen einen Spieler ohne Ball zu verteidigen. Das Angriffsverhalten steht im zweiten Teil der Stunde im Mittelpunkt.

Bewegungsbeschreibung der Verteidigungstechnik

Verteidigungsgrundstellung

In der Grundstellung nimmt der Verteidiger eine parallele, schulterbreite Fußstellung ein. Die Knie sind leicht gebeugt, das Körpergewicht liegt auf den Fußballen, der Körperschwerpunkt ist tief. Der Oberkörper ist leicht nach vorne geneigt, der Blick auf den Körperschwerpunkt des Gegenspielers gerichtet. Die Arme werden vor dem Körper mit den Handflächen nach oben gehalten. Je nach Spielsituation variiert die Arm- und Handhaltung (Abb. 67).

Abb. 67: Verteidigungsgrundstellung

Gleitschrittechnik

Die Gleitschrittechnik ist eine Möglichkeit für den Abwehrspieler, gegen einen laufenden oder dribbelnden Angreifer zu verteidigen. Dabei versucht er, die oben beschriebene Verteidigungsgrundstellung beizubehalten. Der Verteidiger setzt zuerst den Fuß, in dessen Richtung der Angreifer sich bewegt, flach zur Seite. Die Fußspitze zeigt schräg in Bewegungsrichtung, um einen eventuell folgenden Sprint sofort einleiten zu können. Das andere Bein wird dann schnell nachgezogen. Ein Fuß sollte immer Bodenkontakt haben, Springen und Überkreuzen der Beine möglichst vermieden werden. Letzteres eröffnet häufig dem Gegenspieler eine Möglichkeit zum Durchbruch.

Richtungswechsel von rechts nach links: Beim Gleiten nach rechts gibt der Spieler mit dem rechten Fuß die Bewegungsrichtung vor und setzt den linken Fuß nach. Wird er durch den Angreifer gezwungen, die Richtung zu wechseln, setzt er zuerst den linken Fuß nach schräg links hinten, der rechte Fuß folgt nach.

Fehler

- zu geringe Beugung in den Knien;
- Körperschwerpunkt nicht über den Beinen (kein Gleichgewicht!);
- Oberkörper zu weit nach vorne geneigt;
- Gewicht auf dem ganzen Fuß;
- Überkreuzen der Beine;
- Springen.

Grundsätze der Verteidigungsarbeit (1–1, 2–2)

Angreifer mit Ball (1–1)
Es sind drei verschiedene Situationen zu unterscheiden:

• *Der Angreifer hat noch nicht gedribbelt.*
Der Verteidiger sollte mindestens einen Schritt Abstand zum Angreifer haben und diesem die schwache Dribbelseite anbieten. Das heißt, der Verteidiger stellt sich versetzt so vor dem Angreifer auf, daß dessen schwache Seite frei ist. Der vordere Arm des Verteidigers soll angehoben sein, um mit einem Gleitschritt eine Paß- oder Wurfaktion des Angreifers stören zu können. Die hintere Hand ist gesenkt, um ein nachfolgendes Dribbling zu stören (Abb. 68).

Abb. 68: Verteidigungshaltung gegen Angreifer mit Ball

• *Der Angreifer dribbelt.*
Der Verteidiger wendet die beschriebene Gleitschrittechnik an. Ziel ist, den Angreifer zum Dribbling mit der schwachen Hand zu bewegen. Weiterhin soll der Verteidiger versuchen, den Angreifer zur Aufgabe des Dribblings zu zwingen. Verhindert werden muß

Abb. 69: Verteidigungshaltung gegen Angreifer ohne Ball

ein Durchbruch zum Korb. Die Grundlinie ist zu schließen, das heißt, der Angreifer darf nicht zwischen Grundlinie und Verteidiger in die Zone ziehen.

• *Der Angreifer hat bereits gedribbelt.*
Der Verteidiger muß aggressiv verteidigen, das heißt, er geht möglichst nah an den Angreifer heran. Mit den Armen ist der Ball zu verfolgen, so daß das Passen erschwert und ein Wurf verhindert oder gestört wird.

Angreifer ohne Ball (2 – 2)

Der Verteidiger bleibt eng bei seinem Gegenspieler und muß in jeder Situation sowohl diesen als auch den ballführenden Spieler im Auge behalten. Er verteidigt aggressiv, indem er eine Hand im Paßweg hat (Abb. 69), um ein eventuelles Anspiel zu verhindern.

Die Übungsstunde

AUFWÄRMEN

❶ Zu zweit einen Ball. Der Ballbesitzer macht einen beliebigen Korbleger, sein Partner läuft mit und fängt den Ball ab, um dann seinerseits auf einen anderen Korb zu starten usw.

Hinweis Hat jeder Spieler einen Ball und stehen viele Körbe zur Verfügung, kann jeder Spieler für sich Korbleger rechts und links üben, mit der Aufgabe, den Ball nach dem Wurf aufzufangen, bevor er den Boden berührt hat.

❷ Wie 1, Abschluß Stoppschritt mit anschließendem Nahdistanzwurf.

❸ 2 – 0 mit Passen, auf dem Rückweg 1 – 1 am Rande des Basketballfeldes in einem Korridor von 2 – 3 m Breite (Abb. 70).

Hinweis Der Angreifer dribbelt im Zickzack immer bis zur Begrenzungslinie des Korridors; der Verteidiger soll sich anfangs darauf beschränken, den Angreifer nicht vorbeizulassen; am Ende sollte der verteidigende Spieler seine Aktionen so weit steigern, daß er durch regelgerechtes Verteidigen in Ballbesitz gelangt.

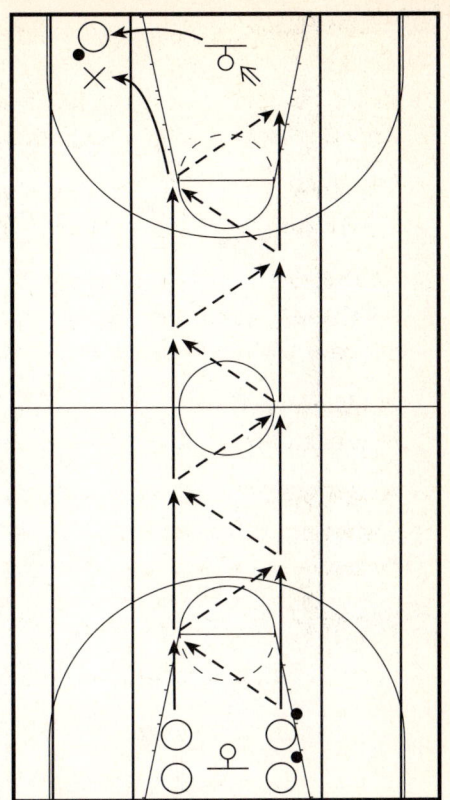

Abb. 70

HAUPTTEIL

❶ Gesprächsphase über Grundsätze der Individualverteidigung.

❷ Quiverübung aus Einheit 4 (Abb. 23, S. 52).

❸ Das Spielfeld wird in acht Kleinfelder unterteilt. In jedem Feld wird 2–2 ohne Dribbeln gespielt. Welches Angreiferpaar paßt sich den Ball am häufigsten zu, ohne daß die Verteidiger den Ball abfangen oder dieser ins Aus geht?

❹ Spiel 2–2
Start beider Paare zwischen Mittel- und Drei-Punkte-Linie. Die Angreifer versuchen, zum Korberfolg zu gelangen, wobei sie sich vorher den Ball mindestens zweimal zugespielt haben müssen. Die Verteidigung muß dieses verhindern. Nach jedem Angriff wechseln Angreifer und Verteidiger.

❺ Freies Spiel 2–2 auf einen Korb
Diejenige Mannschaft, die nach einem Wurfversuch in Ballbesitz gelangt, ist die neue angreifende Mannschaft. Jeder Angriff muß außerhalb der Drei-Punkte-Linie gestartet werden.

SCHLUSS
Spiel 5–5.

Oder alternativ: Spiel 3–3 nach Streetballregeln.

Weitere Übungen

❶ Spiel 2–2 auf einen Korb. Die Paare beginnen auf Spielpositionen (z. B.: Aufbau – Flügel, Aufbau – Center, Flügel – Center) und sollen möglichst schnell zum Korberfolg gelangen. Die Spieler müssen alle Positionen durchlaufen.

❷ Wie Übung 1, mit der Aufgabe, das Schneiden zum Korb sowie das Schneiden im Rücken anzuwenden. Dies sollen die Verteidiger unterstützen, indem sie den Angreifern durch ihre Verteidigungsstellung den Weg zum Korb auf einer Seite freimachen. So entscheidet sich zum Beispiel ein Angreifer, dessen Verteidiger zwischen ihm und dem ballbesitzenden Spieler steht, in dessen Rücken zum Korb zu schneiden.

❸ Wie Übung 1. Eine weitere Angriffsmöglichkeit im Spiel 2–2 ist das *Abstreifen*. Es gibt zwei Möglichkeiten:
- Der ballbesitzende Spieler dribbelt eng an seinem Mitspieler vorbei, so daß der Verteidiger des Dribblers an diesem «hängenbleibt». Dadurch kann der Angreifer mit Ball frei zum Korb ziehen.
- Der Angreifer mit Ball paßt zu seinem Mitspieler und läuft eng an diesem vorbei, wobei er seinen Verteidiger abstreift und den ihm hingehaltenen Ball aufnimmt. Daraus ergibt sich für ihn die 1–0-Situation.

Das Abstreifen am Post ist am einfachsten. Deshalb sollten bei dieser Übung die Aufbau- und Post- oder die Flügel- und Postposition besetzt werden.

❹ [K] 2–2 über das ganze Feld.

Einheit 10: Korbwurf / Korbleger aus der Grund-situation 3 – 2

Spielsituationen, bei denen sich mehr Angreifer als Verteidiger in der Angriffs-hälfte befinden, bezeichnet man als *Überzahlangriffe*. Die einfachste Überzahl-situation ist das Spiel 1 – 0, weitere Situationen sind 2 – 0, 2 – 1, 3 – 1, 3 – 2. Sie entstehen besonders häufig beim Fast-Break-Spiel (Schneller Gegenangriff, s. Taktiktraining) und müssen schnell ausgespielt werden, ehe die Verteidigung komplett ist.

In der vorliegenden Einheit werden die Grundsätze des Überzahlspiels vermittelt, wobei das taktische Verhalten anfangs in der 2 – 1-Situation geschult und nachfol-gend auf die 3 – 2-Situation erweitert wird.

Dabei sind drei Aspekte bedeutsam:

- Der oder die Verteidiger müssen *ausgespielt* werden. Das heißt, der ballführende Angreifer darf nur dann abspielen, wenn er deutlich angegriffen wird, anson-sten zieht er selbst zum Korb.
- Der oder die mitlaufenden Angreifer müssen sich optimal zum Korb freilaufen, so daß sie nach Ballerhalt möglichst ohne, maximal mit einem Dribbling zum Korbwurf kommen (vgl. Abb. 71).
- Der oder die Verteidiger sollen sich anfangs «angreiferfreundlich» verhalten und sich für *einen* Angreifer (z. B. beim 2 – 1) entscheiden. Später können sie va-riieren, indem sie (a) den Raum unter dem Korb verteidigen oder (b) die Ak-tion zu einem Angreifer antäuschen und dann zum anderen Angreifer zurück-weichen und gegen diesen verteidigen.

Bei Übungen über das gesamte Spielfeld ist es wichtig – auch im Hinblick auf den Schnellen Gegenangriff – bis zur Drei-Punkte-Linie *schnell* zu spielen. Im weiteren Verlauf des Angriffs sollte angemessen auf die Aktionen der Verteidigung reagiert werden, überhastete Aktionen sind zu vermeiden.

Lösungsmöglichkeiten der Überzahlsituation 2 – 1

Spieler 1 dribbelt auf den Verteidiger zu. Wenn deutlich wird, daß er angegriffen wird, paßt er zu Spieler 2. Dieser ist zum Korb gelaufen, erhält den Ball im Frei-wurfraum und schließt mit Korbleger ab (Abb. 71).

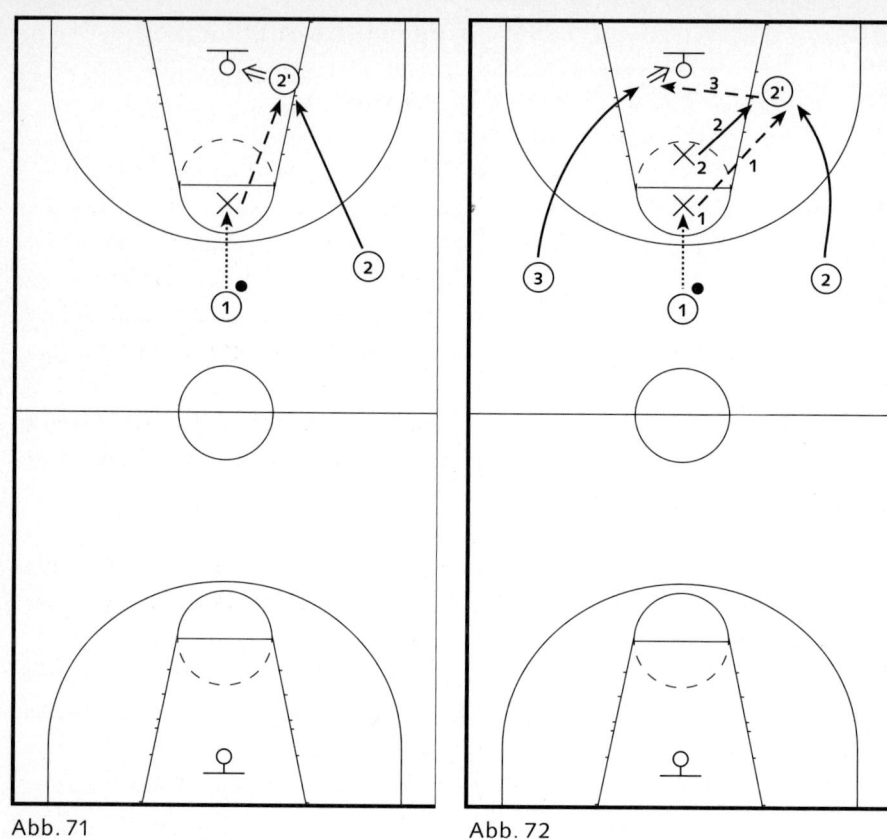

Abb. 71 Abb. 72

Lösungsmöglichkeiten der Überzahlsituation 3–2

Spieler 1 dribbelt auf X_1 zu. Greift dieser ihn an, spielt er – möglichst nach Täuschung – auf eine Flügelseite (Spieler 2). X_2 wird Spieler 2 angreifen, so daß – wenn schnell genug gespielt wird – Spieler 3 für einen Moment frei ist und angespielt werden kann (Abb. 72). Gelingt es X_1 schnell genug abzusinken, und ist damit der Paß auf Spieler 3 nicht möglich, kann 2 zu 1 zur Freiwurflinie zurückpassen (Abb. 73). Spieler 1 hat dann die Möglichkeit, ungestört zu werfen. Um diese Variante spielen zu können, darf sich Spieler 1 nicht weiter als bis maximal zur Freiwurflinie bewegen.

Varianten Siehe: Weitere Übungen Nr. 4, Abb. 75 und 76.

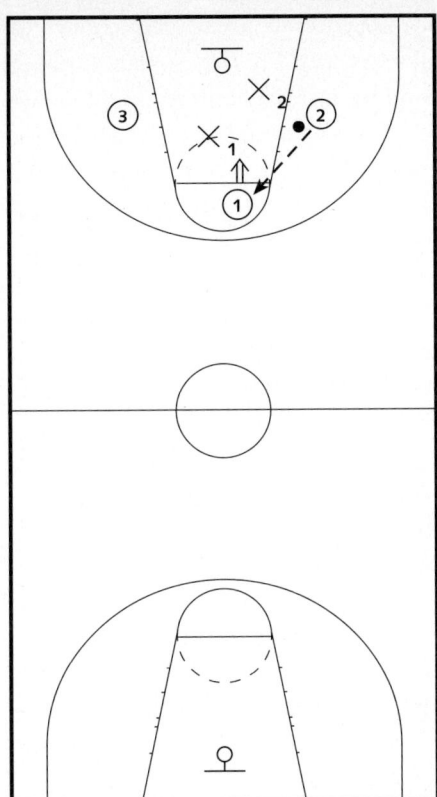

Abb. 73

Die Übungsstunde

AUFWÄRMEN

❶ «Schwänzchen fangen» (Variation). Alle Spieler stecken sich ein Band hinten in die Hose, so daß es gut sichtbar ist. Es wird durch die Halle gedribbelt und versucht, sich gegenseitig das Band wegzunehmen, das eigene aber zu schützen. Eroberte Bänder müssen im Mittelkreis abgelegt werden. Spieler, die ihr Band verloren haben, können sich aus dem Mittelkreis ein neues nehmen.

❷ 2–0 über das ganze Spielfeld ohne Dribbling, Abschluß Korbwurf oder Korbleger.

HAUPTTEIL

❶ 2–1 ab Mittellinie (freies Spiel)
Die beiden Angreifer starten an der Mittellinie und sollen versuchen, möglichst schnell zum Korberfolg zu gelangen. Der Verteidiger steht an der Drei-Punkte-Linie.

❷ 3–2 ab Mittellinie (freies Spiel)
Die Verteidiger stehen hintereinander in «Tandemaufstellung». Aufgabe wie in Übung 1 (s. auch Abb. 72 und 73).

❸ Anschließend kann kurz das Angreiferverhalten beim Überzahlspiel erläutert werden. Dann erfolgt die praktische Umsetzung: Überzahlangriff 3–2 über das ganze Feld. Zwei Verteidiger stehen in Tandemaufstellung unter einem Korb. An dem anderen Korb steht ein Spieler mit Ball unter dem Brett, die anderen beiden rechts und links außen auf der Drei-Punkte-Linie. Der Ballbesitzer wirft den Ball ans Brett, holt den Rebound und paßt einen der beiden Außenspieler an. Dieser dribbelt Richtung Mittellinie, der Rebounder läuft hinter dem Dribbler auf die Außenspur. Der dritte Spieler bewegt sich auf seiner Seite Richtung Korb. Ab der Mittellinie wird 3–2 gespielt.

❹ Wie Übung 3, nach Korbwurf oder Fehlpaß wird der Angreifer, der als letzter Ballkontakt hatte, zum Verteidiger des gegenüberliegenden Korbes. Die «alten» Verteidiger werden nach Ballgewinn zu den nächsten Angreifern (Spiel 2–1).

Abb. 74

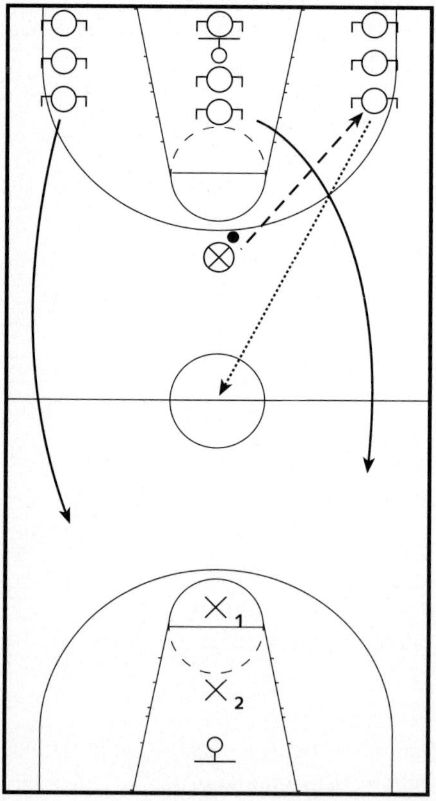

SCHLUSS
Spiel 5–5.

Oder alternativ: Spiel 3–3+1 auf zwei Körbe. Die angreifende Mannschaft soll den Ball möglichst schnell nach vorne spielen.

Weitere Übungen

❶ Aufstellung siehe Abbildung 74: Am gegnerischen Korb stehen zwei Verteidiger in Tandemaufstellung. Der Zuspieler paßt einen der drei Angreifer an. Dieser dribbelt in die Mitte, die beiden anderen besetzen die Außenspur. Die Angreifer versuchen, mit wenig Pässen schnell zum Korberfolg zu gelangen.

❷ Wie 1, die drei Angreifer bewegen sich in der Zone. Ein weiterer Spieler wirft den Ball ans Brett, der Rebounder dribbelt mit dem Ball in die Mitte usw.

❸ Wie 1, die drei Angreifer passen sich den Ball im Drei-Punkte-Raum zu. Auf ein Signal dribbelt der Ballbesitzer in die Mitte usw.

❹ [F] Variationen des Überzahlspiels 3–2
Der Mittelspieler paßt den Ball zu einem der beiden Außenspieler und schneidet zur Ballseite durch die Zone. Der Ballbesitzer hat nun folgende Möglichkeiten:
*   Paß auf den schneidenden Mitspieler (Abb. 75);
*   Paß auf den zweiten Außenspieler, der auf die Postposition läuft (Abb. 76);
*   Korbwurf/Korbleger nach Finte.

Abb. 75   Abb. 76

Einheit 11: Direkter und indirekter Block (Spiel 3–3)

In dieser Einheit wird als Angriffsmittel gegen die Mann-Mann-Verteidigung *Blocken und Abrollen* vorgestellt. Dabei wird der direkte Gegenspieler eines Angreifers so ausgeschaltet (geblockt), daß der jeweilige Angreifer für einen Moment frei ist. Gegen eine gute Verteidigung ist es effektiver, *Blocken und Abrollen* als ein reines Give and Go zu spielen. Verhindert die Verteidigung nämlich das Give-and-Go-Spiel, können die Angreifer durch Blocken und eventuelles Abrollen eine 1–0-Situation schaffen.

Je nachdem, ob der Block am Verteidiger des ballführenden oder eines nicht in Ballbesitz befindlichen Angreifers gestellt wird, unterscheidet man zwischen *direktem und indirektem Block*.

Die genannten Maßnahmen sind dem Bereich der Gruppentaktik zuzuordnen und erfordern eine gute grundlegende Ausbildung der Lerngruppe sowohl im technischen als auch im taktischen Bereich. *Direkte und indirekte Blöcke* sind wichtige Bestandteile im Bereich der Mannschaftstaktik, wenn es darum geht, Spielzüge gegen eine Mann-Mann-Verteidigung zu konzipieren (vgl. Taktiktraining). Möglichkeiten der Blockabwehr, die im folgenden beschrieben werden, sollten in der Anfängerschulung vernachlässigt werden, da sie zu schwer sind.

Abb. 77: Blocken und Abrollen

Bewegungsbeschreibung des Blockens und Abrollens

Der Block wird nach einem Stoppschritt in der Grundstellung (gebeugte Knie, sicherer Stand, Arme vor dem Oberkörper) am gegnerischen Verteidiger gestellt. Der Oberkörper des blockstellenden Spielers steht dabei senkrecht zur Schulterachse des Verteidigers. Die Füße des Verteidigers stehen im 90°-Winkel zwischen denen des Blockstellers (s. auch Abb. 77).

Nachdem der freigeblockte Spieler den Block genutzt hat, bewegt sich der Spieler, der den Block gestellt hat, mit einem Sternschritt rückwärts zum Korb (*Abrollen*, Abb. 77). Dabei soll er den Verteidiger in seinem Rücken halten sowie Ball und Korb sehen.

Fehler

— der Block wird nicht korrekt gestellt; der Abwehrspieler wird nicht genügend an seinen Abwehraufgaben gehindert und kann seinem Gegenspieler folgen;
— der freigeblockte Spieler läuft los, bevor der Block steht (Angreiferfoul);
— der blockende Spieler rollt nicht oder zum falschen Zeitpunkt ab;
— der abrollende Spieler hält den ausgeblockten Spieler nicht in seinem Rücken.

Direkter Block

Spieler 1 paßt zu Spieler 2 und stellt dem Verteidiger (X_2) einen direkten Block. 2 dribbelt nach einer Körpertäuschung zur linken Seite rechts an der Blockseite zum Korb und schließt mit Korbwurf oder Korbleger ab. Spieler 1 rollt ab, nachdem Spieler 2 den Block passiert hat (Abb. 78).

Abb. 78   Abb. 79

Indirekter Block

Spieler 1 paßt den Ball zu Spieler 3 und stellt dem Verteidiger von 2 (X_2) einen Block. Spieler 2 läuft nach einer Körpertäuschung am Block vorbei Richtung Korb, erhält einen Paß von Spieler 3 und macht einen Korbwurf oder Korbleger. Spieler 1 rollt ab, nachdem Spieler 2 den Block passiert hat (Abb. 79).

Möglichkeiten der Blockabwehr

- Übernehmen (*switchen*): Die Verteidiger des Blockstellers und des freigeblockten Spielers wechseln ihre Gegenspieler. Wird ein Block angesagt, muß sich der ausgeblockte Verteidiger sofort mit seinem Mitspieler verständigen, indem er z. B. laut «switch» ruft.
- Über-den-Block-gehen: Nachdem der Block gestellt ist, versucht der ausge-

blockte Spieler mit einem langen Schritt an dem Blocksteller vorbei vor seinen Gegenspieler zu kommen. Voraussetzung ist, daß zwischen Blocksteller und freigeblocktem Spieler genügend Platz ist.

- Durchgleiten: Der ausgeblockte Spieler weicht zurück und versucht, zwischen dem Blocksteller und dessen Verteidiger hindurch vor dessen Gegenspieler zu kommen.
- Absinken: Ist Durchgleiten nicht möglich, muß der ausgeblockte Spieler hinter dem Blocksteller und dessen Verteidiger zurückweichen, um dann ein Ziehen zum Korb oder ein Anspiel seines Gegenspielers zu verhindern.

Die Übungsstunde

AUFWÄRMEN

❶ Tippen gegen das Brett (siehe Übung 3, S. 62)
Ziel: Wiederholung des Rebounds, Verbesserung des Timings.
Die Spieler stellen sich hintereinander in zwei Gruppen mit je einem Ball vor die rechte Seite des Basketballbrettes (Abstand ca. 1,5–2 m). Auf ein Zeichen wirft der erste Spieler jeder Gruppe den Ball an das Brett, dreht nach links ab und schließt sich der Gruppe am gegenüberliegenden Korb an. Der zweite Spieler versucht, den Ball in der Luft anzunehmen und ihn ohne Zwischenlandung wieder an das Brett zu werfen (Wurfbewegung wie beim Korbwurf) usw.

Variation Jeder zehnte Ball wird in den Korb getippt.

❷ Freies Spiel 2–2 (Wiederholung Einheit 9).

❸ Zwei Gruppen (eine mit Bällen, eine ohne Bälle) stehen wie in Abbildung 80. Spieler 3 wirft den Ball hoch an das Brett. Spieler 1, der in Abwehrposition vor Spieler 3 steht, dreht sich um, holt den Rebound und paßt nach außen zu Spieler 2. Dieser dribbelt zum gegnerischen Korb und nimmt die Mittelspur ein (2'), Spieler 1 läuft nach seinem Paß auf der Außenspur Richtung Korb (1'), bekommt einen Paß und schließt mit Korbwurf oder Korbleger ab. Spieler 3 nimmt die Position von Spieler 1 ein, Spieler 4 von Spieler 2. Nach erfolgtem Korbwurf laufen Spieler 1 und 2 außen zurück und stellen sich an der Gegengruppe (1 zu 4, 2 zu 3) an. Die Übung wird sinnvollerweise auf beiden Seiten des Spielfeldes durchgeführt, um die Abschlüsse sowohl von rechts als auch von links zu schulen.

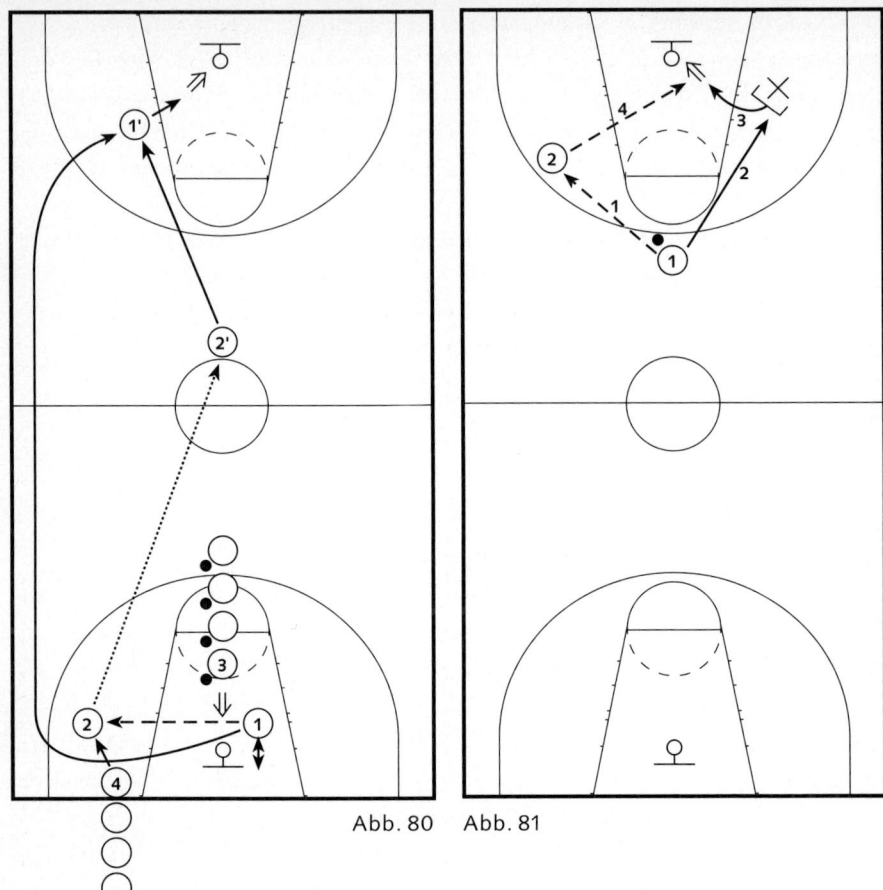

Abb. 80   Abb. 81

HAUPTTEIL

❶ Technikbeschreibung und Demonstration des «Blockens und Abrollens».

❷ Zwei Spieler ohne Ball laufen durch die Halle. Spieler 1 stoppt auf einer beliebigen Position ab, Spieler 2 stellt an Spieler 1 einen Block, rollt nach sicherem Stand ab und wählt eine neue Position usw. (Wichtig: auf korrektes *seitliches* Blockstellen achten!).

❸ Aufstellung siehe Abbildung 81 : Spieler 1 paßt den Ball zu Spieler 2, stellt bei X einen Block, rollt ab, erhält einen Paß und wirft auf den Korb. 1 und 2 tauschen die Positionen, der Verteidiger wird nach 10–15 Übungsdurchgängen ausgewechselt.

❹ Aufstellung siehe Abbildung 78. 2–1 direkter Block, zuerst ohne Verteidigung des Aufbauspielers:
a) Ablauf erläutern (mit passiven Verteidigern);
b) Üben mit Positionswechsel.
Der Lehrer, Trainer oder Übungsleiter sollte die Übung immer dann unterbrechen, wenn einer der zuvor genannten Fehler auftritt.

❺ Aufstellung 3–2 (Indirekter Block) (Abb. 79).

❻ Aufstellung 3–3 (Abb. 82)
Wie 5, Verteidiger X_1 übernimmt Spieler 2; 3 spielt den abrollenden Spieler 1 an, dieser macht einen Korbleger oder stoppt ab und wirft.

SCHLUSS
Spiel 5–5.

Oder alternativ: Spiel 3–3 nach Streetballregeln. Jeder Angriff muß mit einem direkten oder indirekten Block beginnen.

Variation Nach einem Block erzielte Körbe zählen doppelt.

Oder alternativ: Spiel 5–5 auf beide Körbe mit gleicher Vorgabe.

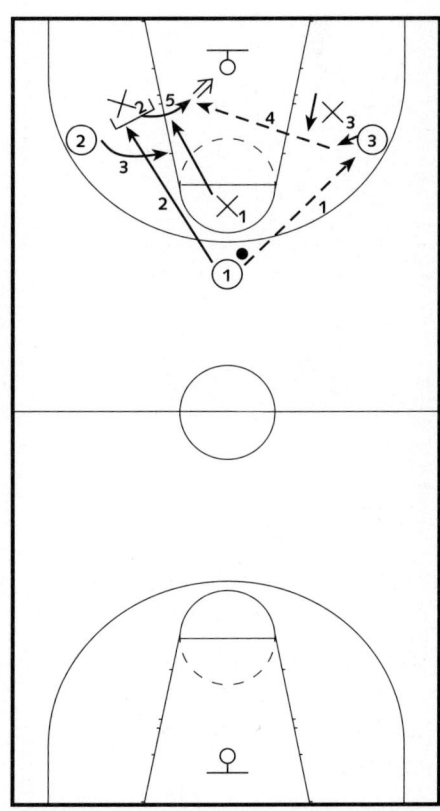

Abb. 82

Weitere Übungen

❶ Aufstellung siehe Abbildung 83: Spieler 2 paßt zu Spieler 3 und stellt seitlich von Verteidiger X und Spieler 1 einen Block. Spieler 1 schneidet zum Korb, erhält von Spieler 3 einen Paß und schließt mit Korbleger oder Korbwurf ab. Spieler 2 rollt zum Korb ab und geht zum Rebound. Anschließend nimmt Spieler 3 Position 2, Spieler 1 Position 3 und Spieler 2 Position 1 ein. Die Übung sollte sowohl von der rechten als auch linken Seite geübt werden.

❷ Aufstellung siehe Abbildung 84: Aufbau-, Flügel- und Brettcenterposition sind besetzt. Spieler 1 paßt zu Spieler 2. Im gleichen Moment stellt Spieler 3 hinter den Verteidiger X für Spieler 2 einen Block. Spieler 2 dribbelt nach einer Täuschung zum Korb.

Abb. 83

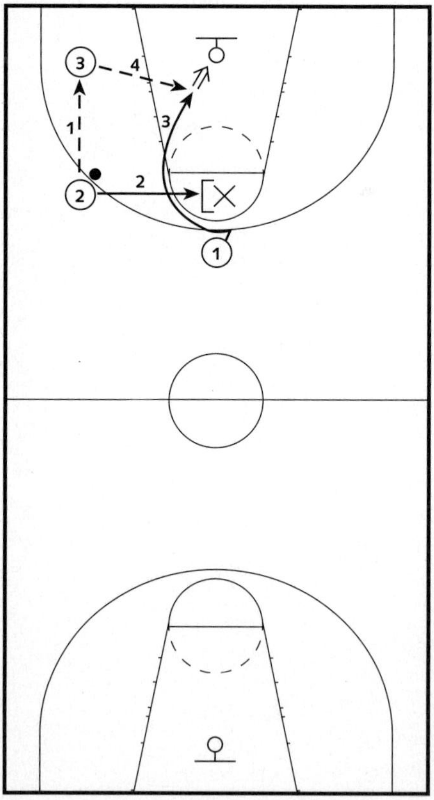

Abb. 84

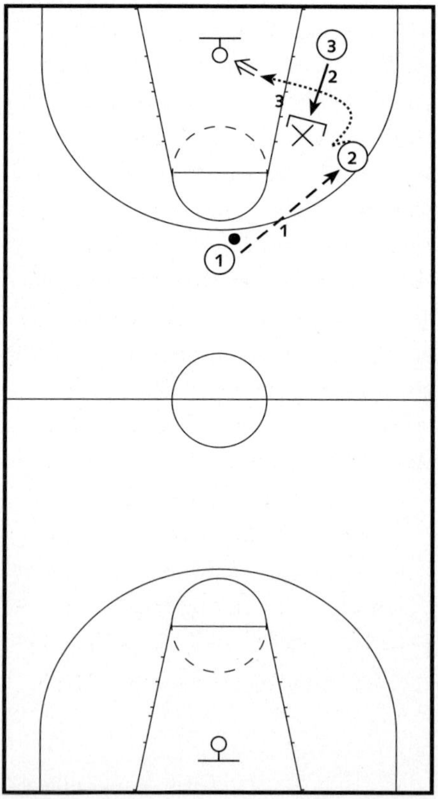

Abschlußvariationen

- Korbleger;
- Stopp an der Zone und Wurf;
- Stopp an der Zone und Paß zum abrollenden Spieler 3.

❸ Die Post- und Brettcenterposition sind besetzt. Der Brettcenter hat einen Gegenspieler. Der Post paßt den Brettcenter an und stellt seitlich am Verteidiger einen Block. Der Brettcenter nutzt den Block als Wurfschirm, setzt entweder sofort zum Wurf an oder bewegt sich mit einem Dribbling an seinem Gegenspieler vorbei und wirft von der neuen Position auf den Korb.

Variationen

- Positionswechsel, z. B. Aufbau- und Flügelposition;
- der freigeblockte Spieler wird vom Verteidiger übernommen, der Blocksteller rollt zum Korb hin ab und wird vom Brettcenter angespielt.

❹ [F] Aufstellung siehe Abbildung 85: zwei Aufbau-, ein Flügelspieler, ein Brettcenter. Spieler 1 paßt zu Spieler 2 und stellt anschließend seitlich am Verteidiger des Brettcenters einen Block. Inzwischen hat Spieler 2 den Flügelspieler 3 angepaßt und an dessen Verteidiger einen direkten Block gestellt. Während Spieler 4 über den Block in die Zone schneidet und sich anspielbar macht (mit ausgestrecktem Arm zeigen), geht Spieler 3 mit einem Dribbling am Block vorbei und paßt den Brettcenter an. Dieser schließt mit Korbleger oder Nahdistanzwurf ab.

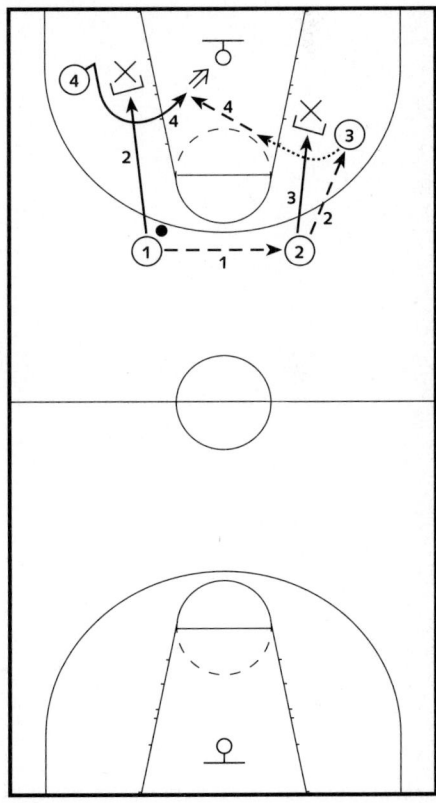

Variation Die Übung beginnt mit einem Paß von Spieler 2 zu Spieler 1 und anschließendem Block bei Spieler 3 usw.

Abb. 85

❺ Spiel 3–3–3 über das ganze Spielfeld: Die Dreiergruppe 1 steht an der Mittellinie, die Dreiergruppen 2 und 3 sind jeweils unter einem Korb. Dreiergruppe 1 greift zuerst gegen Gruppe 2 an. Nach Korberfolg oder Ballverlust wird Gruppe 1 die nächste verteidigende Mannschaft unter diesem Korb, Gruppe 2 greift auf den gegenüberliegenden Korb gegen Gruppe 3 an usw.

Variationen

- Jeder Angriff startet mit einem direkten oder indirekten Block.
- Die verteidigende Dreiergruppe erwartet die Angreifer bereits an der Mittellinie.
- Überzahlspiel 3–3+1: Es müssen Vierergruppen gebildet werden, jeweils ein Spieler steht außerhalb des Feldes an der Mittellinie. Wenn der Ballbesitzer der angreifenden Dreiergruppe über die Mittellinie ins Vorfeld dribbelt, startet der vierte Spieler mit in den Angriff. Die Positionen werden fortlaufend gewechselt.

Spezielle
Trainingsprogramme ←---

Schwerpunkte setzen

In den elf Einheiten werden die basketballspezifischen Anforderungen in erster Linie ganzheitlich gelehrt. Darüber hinausgehend ist es erforderlich, einzelne leistungsrelevante Faktoren, wie Koordination, Technik, Taktik und Kondition, isoliert zu trainieren. Diese Faktoren müssen in Abhängigkeit von Alter und Leistungsstand der jeweiligen Gruppe weiter verbessert werden. Ein Beispiel: Es ist wenig sinnvoll, mit Spielanfängern im Alter von 10–12 Jahren taktische Angriffs- oder Abwehrkonzepte einzuüben. Viel wichtiger erscheint es uns, gerade im angesprochenen Altersbereich, ein gezieltes Koordinationstraining durchzuführen. Mit fortgeschrittenen Spielern dagegen können Technikvariationen erprobt und geübt werden, um ihr Bewegungsrepertoire zu erweitern und damit die Anzahl der zur Verfügung stehenden Lösungsmöglichkeiten in verschiedenen Spielsituationen zu erhöhen. Steht einem Lehrer, Trainer oder Übungsleiter eine Gruppe oder eine Mannschaft technisch gut ausgebildeter Spieler zur Verfügung, ist es durchaus angemessen, einen organisierten Schnellangriff oder einen Spielzug einzuüben.

Das Koordinationstraining

Fordert man Kinder oder Jugendliche auf, einen Ball zu prellen und sich dabei gleichzeitig auf einem Bein hüpfend fortzubewegen, kann man beobachten, daß viele Kinder bei der Ausführung Probleme haben: Sie verlieren den Ball und / oder kommen aus dem Gleichgewicht und setzen den zweiten Fuß auf. Noch deutlicher zeigen sich derartige Koordinationsschwächen, legt der Lehrer, Trainer oder Übungsleiter die Hand, mit der gedribbelt werden muß, und das Bein, auf dem gehüpft werden soll, fest. Dies ist nur ein Beispiel dafür, wie sich gering ausgeprägte koordinative Fähigkeiten bemerkbar machen.

Es gibt insgesamt vier Bereiche, die durch eine gut entwickelte Koordinationsfähigkeit *positiv* beeinflußt werden:

- das schnelle Erlernen von neuen Techniken;
- das schnelle und sichere Anwenden beherrschter Techniken in den jeweiligen Spielsituationen;
- die präzise Ausführung beherrschter Fertigkeiten;
- die Anpassung beherrschter Bewegungen an sich ständig ändernde beziehungsweise wechselnde Spielsituationen.

Die Aufzählung verdeutlicht, wie wichtig eine grundlegende Schulung der koordinativen Fähigkeiten ist. Häufig wird dies jedoch stark vernachlässigt oder sogar gänzlich ignoriert.

Bei der Koordinationsschulung werden einfache Bewegungen mit erschwerenden Bedingungen kombiniert (vgl. Roth 1993a, 90).

Dabei handelt es sich bei *einfachen Bewegungen* allgemein um Laufen, Hüpfen, Gehen, Springen und – auf das Basketballspiel bezogen – um die Grundtechniken Dribbeln, Passen und Werfen. Die *erschwerenden Bedingungen* können

- über die Bewegungsausführung (z. B. beidhändiges Üben, Variation von Bewegungstempo, -richtung, -umfang) oder
- über zusätzliche Anforderungen (z. B. konditionelle Belastung, eingeschränkte optische Kontrolle, Üben unter Zeitdruck, Üben mit Gegenspieler)

erreicht werden. Eine Kombination beider Aspekte ist ebenfalls möglich, Überforderungen sind jedoch zu vermeiden. Grundsätzlich gilt: Koordinationstraining muß Spaß machen, vielseitig und abwechslungsreich sein.

Die Übungsprogramme

Im folgenden werden neun allgemeine sowie basketballspezifische Koordinationsprogramme vorgestellt, die nach Belieben als Aufwärmprogramm, im Anschluß an das Aufwärmprogramm oder im Stundenhauptteil durchgeführt werden können.

Übungsprogramm 1 (Ballgewöhnung, Ballgymnastik)

Jeder Spieler hat einen Ball, Aufstellung im Kreis, Sichtkontakt zum Lehrer oder Übungsleiter:
- den Ball über dem Kopf mit gestreckten Armen mit den Fingerspitzen aus dem Handgelenk hin- und hertippen;
- dasselbe vor dem Körper, wiederum mit gestreckten Armen;
- den Ball um den Körper kreisen lassen (rechts- und linksherum), mit Kreisen um den Kopf beginnen, anschließend immer weiter am Körper heruntergehen (Oberkörper, Bauch, Hüfte, Oberschenkel, Knie, Unterschenkel, Füße) und langsam wieder hochkommen;
- den Ball mit beiden Händen vor dem Körper hochwerfen und hinter dem Körper auffangen (ohne sich umzudrehen), ebenso zurück von hinten nach vorne;
- den Ball mit beiden Händen in Rotation versetzen (zum eigenen Körper hin andrehen) und hochwerfen, so daß er nach dem Aufkommen auf dem Boden in Richtung des Werfers springt. Der Werfer geht dann unter dem Ball durch und fängt ihn hinter seinem Körper auf;
- den Ball hochwerfen, einmal um die Körperlängsachse drehen und den Ball auffangen; der Ball darf den Boden nicht berühren;
- den Ball hochwerfen, sich hinsetzen, aufstehen und den Ball auffangen; mit und ohne Bodenberührung des Balles;
- Ausgangsstellung: leichte Grätschstellung, den Ball erst mehrmals nur um das linke, dann nur um das rechte Bein kreisen, später den Ball in Form einer Acht durch die Beine führen;
- Ausgangsstellung: leichte Grätschstellung, den Ball in einer Acht durch die Beine dribbeln;
- Ausgangsstellung: leichte Grätschstellung, der Ball wird mit einer Hand von vorne und einer Hand von hinten zwischen den Beinen gehalten; Aufgabe ist nun, die Hände möglichst schnell zu wechseln, ohne daß der Ball zu Boden fällt; wer schafft in 20 Sekunden die meisten «Umgreifaktionen» (s. Abb. 86)?

- Ausgangsstellung: leichte Grätsch-stellung, zeitgleich mit dem Anheben eines Beines wird der Ball unter dem angehobenen Bein von innen nach außen geführt. Anschließend wird dieselbe Bewegung unter dem anderen Bein durchgeführt, so daß der Ball eine Acht beschreibt. Eine Übungssteigerung erfolgt durch die Ausführung im Sprung;
- Ausgangsstellung: leichte Grätsch-stellung, die Arme greifen von hinten durch die Beine, der Ball wird vorne zwischen den Beinen mit jeder Hand einmal gedribbelt, z. B.: vorne rechts

Abb. 86

– links, anschließend erfolgt jeweils ein Dribbling hinter dem Körper: hinten rechts – links usw. (recht anspruchsvoll);
- Ausgangsstellung: Ausfallschritt, während nun mit einem leichten Sprung die Schrittstellung von rechts vorne zu links vorne oder umgekehrt gewechselt wird, ist der Ball gleichzeitig durch die Beine zu dribbeln (sehr schwierig!).

Übungsprogramm 2 (Dribbeln, Dribbelfinten)

Jeder Spieler hat einen Ball und dribbelt im Basketballfeld beziehungsweise in der ganzen Halle. Auf ein besonderes Zeichen (z. B. Pfiff) sollen die Spieler folgendermaßen reagieren:
- mit der freien Hand den Boden berühren;
    a) nur mit der starken Hand dribbeln, mit der schwachen den Boden berühren;
    b) nur mit der schwachen Hand dribbeln, mit der starken den Boden berühren;
- Abstoppen, während des Dribbelns hinsetzen und auf den Rücken oder auf den Bauch legen, dann die Dribbelhand wechseln, aufstehen und weiterdribbeln (Handwechsel ist erfolgt!);
- den Ball durch die Beine dribbeln;
- den Ball hinter dem Körper herdribbeln;
- während des Dribbelns eine Drehung machen.

Übungsprogramm 3 (Dribbeln, Wahrnehmungsschulung)

Jeder Spieler hat einen Ball, jeweils zwei Spieler stehen sich an den Hallenlängssei-
ten gegenüber:
* Dribbling aufeinander zu, in der Mitte die Hand des Partners berühren («abschlagen»), abwechselnd mit rechts und mit links beginnen.

Variationen
* vor der Handberührung ein Handwechsel;
* vor der Handberührung eine Dribbelwende;
* vor der Handberührung ein Dribbling durch die Beine mit Handwechsel;
* vor der Handberührung ein Dribbling hinter dem Körper mit Handwechsel;
* Dribbling aufeinander zu, in der Mitte haken sich beide Spieler ein, 360°-Dre-
hung, weiterdribbeln.

Übungsprogramm 4 (Dribbeln)

Jeder Spieler hat einen Ball. Alle Spieler stehen nebeneinander (beziehungsweise
versetzt) an der Endlinie des Basketballfeldes. Der Lehrer oder Übungsleiter de-
monstriert vor der Gruppe, die Übungen können jeweils zwei Bahnen lang (hin
und zurück) durchgeführt werden:
* Vorwärtsdribbeln mit der starken Hand;
* Vorwärtsdribbeln mit der schwachen Hand;
* Rückwärtsdribbeln mit der starken Hand;
* Rückwärtsdribbeln mit der schwachen Hand;
* Seitwärtsdribbeln mit der starken Hand;
* Seitwärtsdribbeln mit der schwachen Hand;
* Vorwärtsdribbeln mit der starken Hand, gleichzeitig Armkreisen vorwärts mit
der schwachen Hand;
* Vorwärtsdribbeln mit der schwachen Hand, gleichzeitig Armkreisen vorwärts
mit der starken Hand;
* Rückwärtsdribbeln mit der starken Hand, gleichzeitig Armkreisen vorwärts mit
der schwachen Hand;
* Rückwärtsdribbeln mit der schwachen Hand, gleichzeitig Armkreisen vorwärts
mit der starken Hand;
* Variationen: Die letzten vier Übungen werden mit Armkreisen rückwärts kombiniert;

- Vorwärtsdribbeln mit der starken Hand, gleichzeitig die Beine abwechselnd anfersen;
- Vorwärtsdribbeln mit der schwachen Hand, gleichzeitig die Beine abwechselnd anfersen;
- Rückwärtsdribbeln mit der starken Hand, gleichzeitig Skippings (Kniehebelauf);
- Rückwärtsdribbeln mit der schwachen Hand, gleichzeitig Skippings;
- Variationen: Das' Dribbbeln ist mit Armkreisen vorwärts / rückwärts sowie gleichzeitig mit verschiedenen Laufbewegungen (Hopserlauf, Sprunglauf, Nachstell- und Übersetzschritte, Balancieren, Stufen- / Treppenlauf) zu kombinieren.

Übungsprogramm 5 (Dribbeln, Wahrnehmungsschulung)

❶ Jeder Spieler hat einen Ball. Besteht die Möglichkeit, die Turnhalle oder einen der Umkleideräume zu verdunkeln, sollen die Spieler in dem entsprechenden Raum dribbeln. Es empfiehlt sich, zuerst nur im Stand zu dribbeln, später können sich die Spieler auch vorsichtig fortbewegen, wobei sie mit der freien Hand versuchen sollen, andere Spieler zu ertasten, um Zusammenstöße zu vermeiden.

❷ Zu zweit einen Ball. Der vordere Spieler dribbelt in der ganzen Halle mit geschlossenen Augen. Er muß sich auf seinen Partner verlassen, der ihm die Dribbelrichtung vorgibt: Ein Berühren der rechten Schulter bedeutet «Dribbeln nach rechts», ein Berühren der linken Schulter entsprechend «Dribbeln nach links». Im Notfall bleibt der Dribbler beim Kommando «Stopp» sofort stehen. Anfangs kann im Gehen gedribbelt werden, mit zunehmender Sicherheit sollen die Spieler traben oder laufen.

Übungsprogramm 6 (Dribbeln)

Jeder Spieler dribbelt mit zwei Bällen. Diese sollen anfangs identisch sein, später können auch unterschiedliche Bälle (z.B. Fuß- und Basketball, Soft- und Volleyball, Hand- und Tennisball) kombiniert werden. Im Normalfall sind nicht zwei Bälle je Spieler vorhanden, so daß ein Partner Pause hat, während der andere übt.

❶ Dribbeln mit zwei Bällen
- am Ort und in der Bewegung;
- gleichmäßig und ungleichmäßig;
- vorwärts und rückwärts.

❷ Mit der einen Hand wird ganz normal gedribbelt, mit der anderen kann nun der zweite Ball
- durch die Beine gedribbelt werden;
- hinter dem Körper hergedribbelt werden;
(In beiden Fällen erfolgt möglicherweise ein Handwechsel und damit verbunden ein Ballwechsel.)
- gerollt werden;
- hochgeworfen und wieder aufgefangen werden;
- gegen die Wand gepaßt werden;
- mit dem Fuß geführt werden (vorwärts und rückwärts, Seitenwechsel von Hand und Fuß).

Die letzte Übung ist auch gut mit einem Basketball und einem Luftballon durchzuführen. Während der Basketball gedribbelt wird, muß der Luftballon immer wieder hochgeschlagen werden, so daß er den Boden nicht berührt. Ist die Übung für einen Spieler allein zu schwierig, können zwei dribbelnde Partner versuchen, den Luftballon so lange wie möglich in der Luft zu halten (Wettspiel!).

PARTNERÜBUNGEN MIT ZWEI BÄLLEN

❶ Zwei Spieler stehen sich in einem Abstand von einem Meter gegenüber, einer der Partner hat beide Bälle. Der Ballbesitzer dribbelt nun einmal am Ort, anschließend dribbelt er beide Bälle zu seinem Partner. Dieser dribbelt seinerseits einmal am Ort, dann wechseln wiederum die Bälle den Besitzer.

❷ Aufstellung wie 1, jeder Partner hat einen Ball: Ein Dribbling auf der Stelle, das zweite Dribbling erfolgt zum Partner usw.

❸ In einer der genannten Aufstellungen oder in weiteren Aufstellungen (hintereinander, nebeneinander) sollen die Spieler sich weitere Dribbelübungen oder «Dribbelkunststücke» überlegen. Ausgewählte Übungen werden dann der Gruppe vorgestellt und anschließend von allen ausprobiert.

Übungsprogramm 7 (Passen und Fangen, Wahrnehmungsschulung)

❶ Aufstellung zu zweit gegenüber, jeder Spieler hat einen Ball. Ein Spieler gibt beidhändige Brustpässe, der andere beidhändige Bodenpässe.

Variationen
· Überkopf- und Bodenpässe,
· Überkopf- und Brustpässe.

❷ Aufstellung wie Übung 1: Die Bälle werden gleichzeitig von beiden Spielern mit beidhändigem Brustpaß, Überkopfpaß oder einhändigem Paß zugespielt (auch schwache Hand!).

❸ Aufstellung wie Übung 1: Mit einem Ball werden immer Brustpässe («Brustpaßball»), mit dem anderen immer Bodenpässe («Bodenpaßball») gespielt.

❹ Aufstellung zu zweit nebeneinander vor einer Wand, jeder Spieler hat einen Ball. Die Spieler passen ihre Bälle so gegen die Wand, daß sie vom Partner gefangen werden können (alle Paßarten).

❺ Vier bis sechs Spieler bilden einen Halbkreis. Ein Zuspieler steht vor der Gruppe. Der Zuspieler und ein weiterer Spieler besitzen einen Ball. Während der Zuspieler einem nicht ballbesitzenden Spieler einen Brustpaß gibt, bekommt er den zweiten Ball zugepaßt. Dabei müssen die Spieler im Halbkreis darauf achten, daß der Ball nicht zu früh, jedoch auch nicht zu spät gepaßt wird.
Die Übung kann zu Beginn mit einer vorgegebenen Paßart durchgeführt werden. Zur Vereinfachung muß der Zuspieler die Spieler im Halbkreis der Reihe nach anspielen. Später kann der Zuspieler die Reihenfolge und die Art des Passes variieren. Der Ball muß dann in der gleichen Paßart zurückgespielt werden. Der Zuspieler wird ausgewechselt.

Hinweis Die Ideen aus den vorherigen Übungsprogrammen 6 und 7 können kombiniert werden. Erfahrungsgemäß werden Spieler aller Altersgruppen sehr kreativ, wenn es darum geht, Bewegungsverbindungen (Passen, Dribbeln) zu zweit oder in Kleingruppen (drei, vier, fünf Spieler) zu entwickeln. Vorgabe: Jeder Spieler hat mindestens einen Ball, die Partner müssen die Bälle wechseln.

Übungsprogramm 8 (Stationstraining, Abb. 87)

Station 1: Dribbeln, dabei über die Bank springen (dreimal pro Weg), hin und zurück, je Sprung ein Punkt;

Station 2: Korbwürfe aus dem Drei-Sekunden-Raum mit dem Fußball, je Treffer zwei Punkte;

Station 3: zwei Bälle, zwei Meter Abstand von der Wand, die Bälle abwechselnd gegen die Wand passen und auffangen («Dribbling gegen die Wand»), je zwei gefangene Bälle ein Punkt;

Station 4: Slalomdribbeln mit zwei Bällen, hin und zurück, je Slalomstange ein Punkt;

Station 5: im Grätschsitz den Ball dribbeln, währenddessen ein Bein unter dem Ball hin- und herbewegen, für drei erfolgreiche Dribblings gibt es einen Punkt;

Station 6: Korbwürfe aus dem Drei-Sekunden-Raum mit dem Basketball mit der schwachen Hand oder «Korblegertricks» mit der starken Hand, je Treffer zwei Punkte;

Station 7: schnelle Läufe zwischen zwei Linien (sechs Meter Abstand), zwei Paßwechsel beim Zurücklaufen mit dem Zuspieler (ein Brust-, ein Bodenpaß), je Paß ein Punkt;

Station 8: dribbeln durch den Geräteparcour: unter den Hürden, über die Kästen, hin und zurück, je Hindernis ein Punkt.

Abb. 87

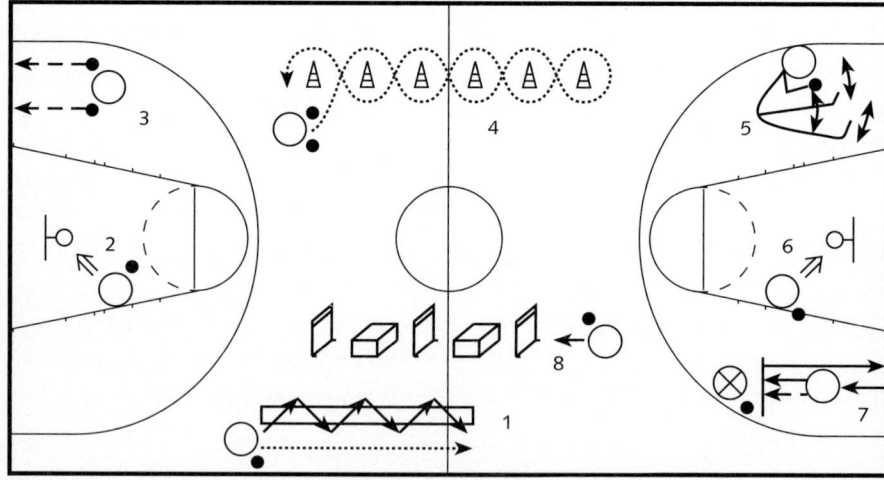

Übungsprogramm 9 (Jonglieren)

Jeder Spieler hat zwei, später drei Tennis- oder Jonglierbälle:
- in der rechten und linken Hand jeweils einen Ball: den Ball mit der rechten Hand zur linken werfen; bevor diese den Ball auffängt, hat sie ihren Ball nach rechts abgegeben;
- entsprechend mit links;
- der rechte Ball wird hochgeworfen, gleich darauf folgt der linke; die Bälle sollen sich nicht treffen und gegengleich aufgefangen werden;
- entsprechend erst den linken Ball hochwerfen;
  (Um zu vermeiden, daß die Bälle, statt gerade nach oben, nach vorne geworfen werden, sollen sich die Spieler vor eine Wand stellen.)
- zwei Bälle in der starken, einen in der schwachen Hand: die vorherige Übung wird mit zwei Bällen durchgeführt, der dritte Ball bleibt in der starken Hand;
- entsprechend mit zwei Bällen in der linken Hand;
- zwei Bälle in der starken, einen in der schwachen Hand: Nachdem ein Ball mit der starken Hand und ein Ball mit der schwachen Hand geworfen worden ist, wird der dritte Ball hochgeworfen, kurz danach der erstgeworfene mit der schwachen Hand aufgefangen und wiederum hochgeworfen usw.

Das Techniktraining

Ein umfassendes *Techniktraining* beinhaltet sowohl den Erwerb basketballspezifischer Techniken als auch deren situationsgemäße Anwendung im Spiel. Für den letztgenannten Aspekt ist das Erlernen von Technikvariationen von großer Wichtigkeit. Im Basketball kann prinzipiell auf zweierlei Weise variiert werden: Zum einen besteht die Möglichkeit, Variationen in der Hilfsphase der Bewegung (z. B. im Anlauf- oder Sprungverhalten) vorzunehmen, zum anderen können Bewegungsdetails, wie unterschiedliche Geschwindigkeiten oder unterschiedliche Krafteinsätze grundsätzlich verändert werden. Zum Beispiel: Je nach Abstand zum Korb und dem Verhalten der Verteidiger kann es erfolgversprechend sein, den Korbleger nur mit einem Kontakt, verzögert oder als Unterhandkorbleger auszuführen. Ist der jeweilige Spieler nach dem ersten Kontakt fast schon unter dem Korb, kann er den zweiten Kontakt unter dem Korb hindurch zur anderen Seite durchführen, um dann mit einem rückwärtigen Wurf oder einem Hakenwurf abzuschließen. Auf jeden Fall muß verhindert werden, daß die Nachwuchsspieler nur den standardisierten Korbleger aus einer festgelegten Entfernung ausschließlich

Abb. 88: Rückwärtiger Korbleger (Darstellung von rechts nach links)

von ihrer «Schokoladenseite» durchführen können. Das Erlernen oder auch nur das Ausprobieren der Varianten, die Tag für Tag in den Medien von den großen Stars und Vorbildern gezeigt werden, ist motivierend und bereitet Kindern und Jugendlichen viel Spaß und Freude.

Beim Erlernen von Techniken sind Anfänger häufig überfordert. Deshalb ist es sinnvoll, Bewegungen aus dem spielnahen Zusammenhang herauszutrennen, zu vereinfachen und isoliert zu üben.

Man unterscheidet folgende Vereinfachungsstrategien (vgl. Roth 1993b, 31–37):

1. Überfordert die Anzahl der *hintereinander* auszuführenden Elemente den Lernenden, muß die Bewegung zergliedert werden. Z.B. wird beim Erlernen des Korblegers zunächst auf die Ballannahme in der Bewegung verzichtet. Der Ball wird beispielsweise von einem Partner angereicht. Ebenso wird die Korbwurftechnik zuerst im Stand geübt, ein vorausgehendes Dribbling mit anschließender Stoppbewegung erfolgt später.

2. Liegt das Problem darin, mehrere Bewegungselemente *gleichzeitig* auszuführen (Sprung *und* Wurf, Sprung *und* Ballannahme = Rebound), muß die Technik hinsichtlich ihrer zeitlichen Merkmale vereinfacht werden. Z.B. werden vor dem Erlernen des Rebounds zahlreiche Timingübungen durchgeführt, um das Gefühl für den «toten Punkt» zu schulen.

3. Jede Fertigkeit setzt sich aus zahlreichen variablen, leicht veränderbaren Bewe-

gungsmerkmalen zusammen, die in einer festgelegten Form ausgeführt werden müssen. Dies stellt für den Lernanfänger häufig eine Überforderung dar. Probleme können entstehen durch:

- zu hohe Geschwindigkeit der Bewegung
  Die Vereinfachung besteht darin, das anfängliche Übungstempo zu reduzieren. Das Passen und Fangen in der Bewegung wird zum Beispiel mit deutlich verzögertem Absprung zur Ballannahme geschult.
- Zu hohe Kraftanforderungen

In diesem Fall muß die Dynamik der Bewegung reduziert werden. Z. B. wird die Wurftechnik mit leichteren Bällen geschult.

Die Technikvarianten

Im folgenden wird schwerpunktmäßig auf ausgewählte Varianten aus den Bereichen Korbwurf, Korbleger, Dribbeln und Passen eingegangen.

Sprungwurf

Der Sprungwurf ist im Basketball an Effektivität nicht zu übertreffen. Im Gegensatz zum *Korbwurf im Stand* ist der *Wurf im Sprung* u. a. durch die große Abwurfhöhe nur schwer zu verteidigen. Er kann direkt am Gegenspieler durchgeführt werden und bietet viele Möglichkeiten für Wurffinten. Weitere Vorteile liegen in der Schnelligkeit der Ausführung; z. B. kann ein Spieler aus hohem Tempo nach

Abb. 89

Ballaufnahme sofort abstoppen und die Wurfbewegung direkt einleiten. Nachteilig ist, daß nach dem Absprung ein Wurf oder Paß erfolgen muß, da der Spieler bei der Landung mit dem Ball einen Schrittfehler begeht.

Bewegungsbeschreibung

Die Ausgangsstellung beim Sprungwurf aus dem Stand entspricht der des einhändigen Positionswurfes (vgl. Einheit 1): Die Füße stehen schulterbreit auseinander, der Fuß der Wurfhand ist ca. eine halbe Fußlänge vorgestellt. Der Ball wird in der Grundposition vor dem Körper gehalten. Zur Einleitung der Wurfbewegung geht der Werfer in die Knie (Absenken des Körperschwerpunktes) und führt den Ball eng vor dem Körper in die Wurfauslage. Der Spieler springt beidbeinig ab, streckt die Beine und führt gleichzeitig den Ball in Überkopfhöhe. Wenn er den höchsten Punkt erreicht hat, wirft er den Ball durch Armstreckung und Abklappen des Handgelenks ab. Die Nichtwurfhand bleibt zur Stabilisierung und Sicherung möglichst lange am Ball. Die Landung erfolgt beidbeinig an der Absprungstelle (Abb. 89).

Fehler

– der Absprung erfolgt nur von einem Bein;
– der Ball befindet sich in der Wurfauslage nicht in Überkopfhöhe oder wird hinter dem Kopf gehalten;
– ungenügende Koordination von Sprung- und Wurfbewegung;
– der Werfer springt bei der Landung zu weit nach vorne.

Spezielle Sprungwurfübungen

❶ Beidbeinige Sprünge an die Wand oder an das Basketballbrett, die Landung erfolgt an der Absprungstelle.

❷ Zwei Spieler stellen sich gegenüber auf, springen gleichzeitig mit beiden Beinen ab und versuchen, im höchsten Punkt die Hände des Partners zu berühren.

❸ Spieler 1 steht mit Ball gegenüber von Spieler 2, springt beidbeinig ab und führt den Ball hoch in die Wurfauslage. Spieler 2 springt mit ab und berührt den Ball im höchsten Punkt.

❹ Spieler 1 wirft den Ball nach beidbeinigem Absprung im höchsten Punkt zu Spieler 2. Dieser fängt den Ball, landet, springt ab und wirft den Ball zurück usw.

❺ Zwei Spieler mit einem Ball stellen sich in Paßentfernung gegenüber auf und werfen sich den Ball mit einer möglichst hohen Flugkurve zu. Der Ball wird in der Luft angenommen und zurückgeworfen (vgl. auch Aufwärmübung 3, Einheit 5).

❻ Sprungwürfe aus dem Stand aus 1–2 m Entfernung.

❼ Sprungwürfe nach einmaligem Dribbling.

❽ Sprungwürfe nach Sternschritt.

❾ Sprungwürfe nach Anspiel.

Die Übungen 6–9 werden erst ohne, dann mit passivem, teilaktivem und aktivem Verteidiger geübt. Weitere Übungen zum Sprungwurf sind weitgehend identisch

mit denen zum Standwurf und können u. a. aus den Einheiten 1 und 3 übernommen werden.

Korblegervarianten

Die in Einheit 2 beschriebenen Korblegertechniken (Zweikontakt-, Einkontakt-, Unterhandkorbleger) können je nach Spielsituation und Verteidigerverhalten aus einem unterschiedlichen Anlaufwinkel (z. B. Unterhandkorbleger von vorne), aus verschiedenen Absprung-/-wurfentfernungen mit oder ohne Brettberührung durchgeführt werden.

Weitere Ausführungsvarianten sind:

- Der Spieler führt den Ball hinter dem Rücken um den Körper;
- der Spieler dribbelt unter dem Korb hindurch und führt den Wurf rückwärts aus (Abb. 88);
- der Spieler dribbelt vor dem Korb auf die andere Seite und schließt den Korbleger mit einem Hakenwurf ab;
- nur für Könner: Der Spieler führt nach Ballaufnahme eine 360°-Drehung durch (Abb. 90).

Alle genannten Varianten können nach Demonstration beziehungsweise Erläuterung im Rahmen der in Einheit 2 genannten Korblegerübungen sowie später im Spiel 1 – 1 geübt werden.

Abb. 90: Korbleger mit 360°-Drehung

Dribbelfinten

Einfache Variationen der Dribbeltechnik sind bereits in Einheit 3 beschrieben worden. An dieser Stelle werden ergänzend Möglichkeiten aufgeführt, mit deren Hilfe ein Angreifer mit Ball seinen Verteidiger ausspielen kann (= Dribbelfinten).
Folgende Möglichkeiten bieten sich an:

* Handwechsel hinter dem Körper (Abb. 91);
* Handwechsel vor dem Körper (Abb. 92);
* Dribbling durch die Beine (Abb. 93);
* Reversedribbling (Abb. 94).

In den meisten Fällen ist die Dribbelfinte mit einem Hand-, Tempo- und Richtungswechsel verbunden. Folgende Aspekte sind zu beachten:

Abb. 92: Handwechsel vor dem Körper

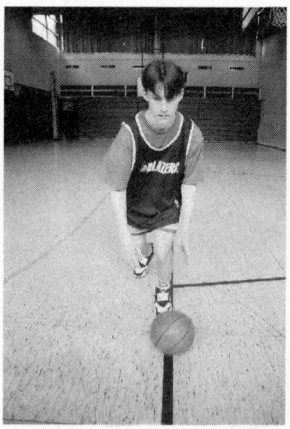

Abb. 91: Handwechsel hinter dem Körper

- Blick vom Ball lösen;
- tiefes Dribbling mit der gegnerfernen Hand ausführen;
- deutliches Dribbling in eine Richtung, um diese vorzutäuschen;
- möglichst nah an den Gegner herandribbeln, um anschließend (nach der Finte) mit einem langen Schritt eng an ihm vorbeizukommen;
- das Dribbling verzögern und den Verteidiger zum Entgegenkommen verleiten, um dann mit einem schnellen Antritt vorbeizudribbeln.

In Einheit 4 und in den Koordinationsprogrammen sind zahlreiche Übungen aufgeführt, die zur Schulung der Dribbelfinten verwendet werden können. Für ein isoliertes Üben können folgende Hilfsmittel verwendet werden:

Abb. 93: Dribbling durch die Beine

Abb. 94: Reversedribbling

❶ Jeder Spieler sucht sich eine beliebige Linie in der Halle. Beim Handwechsel soll der Spieler selbst auf der Linie bleiben, der Ball dagegen muß deutlich von rechts nach links über die Linie gespielt werden oder umgekehrt.

Beim Reversedribbling soll sich der Spieler möglichst auf der Linie drehen und im Verlauf der Linie weiterdribbeln.

❷ In einem weiteren Schritt dienen kleine (hochkant aufgestellte) Kästen als Verteidiger. Aufgabe: Erst deutlich auf die Seite des «Verteidigers» zudribbeln, zu der angetäuscht werden soll, nach der Finte *eng* an der anderen Seite (verbunden mit einem Tempowechsel) vorbeidribbeln.

❸ Später kann mit «realen» Verteidigern geübt werden. Diese erhalten die Aufgabe, in der Verteidigungsgrundstellung halbaktiv unter Zuhilfenahme der Hände zu verteidigen. Das Herausspielen eines schlecht gedribbelten Balls ist erlaubt; dadurch erhält der Dribbler direkt Rückmeldung über Gelingen oder Mißlingen seiner Finte. Um eine Positionsveränderung des Verteidigers zu verhindern, stellt sich dieser in einen Gymnastikreifen, den er nicht verlassen darf.

Paßvarianten

Neben den in Einheit 6 beschriebenen Paßarten (Brust-, Boden- und Überkopfpaß) sind als erste Variante die sogenannten Einhandpässe zu nennen. Einhandpässe kommen nur in besonderen Spielsituationen zur Anwendung, und zwar

1. Wenn der Paßweg sehr lang ist oder die Kraft für einen beidhändigen Paß nicht ausreicht oder

2. Wenn ein Gegner umspielt werden soll.

Zu 1: Entgegen der in Einheit 6 beschriebenen Technik wird das Gegenbein der Wurfhand vorgestellt, und es erfolgt eine kurze Ausholbewegung (Achtung: Gegner!).

Zu 2: Wird ein Spieler von einem Gegner stark bedrängt, hat er die Möglichkeit, einen Schritt am Gegner vorbeizusetzen (Sternschritt) und den Paß mit einer Hand um ihn herumzuspielen.

Alle bisher unterschiedenen Paßarten können je nach Spielsituation abgewandelt werden. So kann ein Spieler beim Dribbling völlig ansatzlos mit einer Hand den Ball bei der Aufwärtsbewegung einem Partner zuspielen oder hinter den Körper bringen und abspielen. Diese Formen verlangen bereits ein großes Maß an Fertigkeiten und sind deshalb eher mit fortgeschrittenen Spielern zu üben.

Bei intensiver Armarbeit des Gegners wird oft ein Brustpaß angedeutet, wonach dann der Spieler per Bodenpaß umspielt wird. Weiterhin ist es möglich, einen langen Center im Gegensatz zu den üblichen geradlinigen Pässen durch einen Lobpaß anzuspielen. Dieser ist zwar länger unterwegs, von körperlich kleineren Gegnern aber schwer zu verteidigen beziehungsweise abzufangen. In ähnlicher Weise wird beim Fast Break ein weit vorne laufender Angreifer mit einem bogenförmigen Einhandpaß angespielt, um den Ball über mitlaufende Verteidiger hinweg zu passen.

Wie bereits bei den Dribbelfinten können auch für die Paßvarianten die Übungen aus Einheit 6 und dem Koordinationstraining entsprechend abgewandelt werden. Gute Spieler sind sogar in der Lage, die Übungen 2 – 0 und 3 – 0 (z. B. Achterlaufen) mit den entsprechenden Paßvarianten durchzuführen (Paß hinter dem Rücken usw.). Somit wird gleichzeitig die Einhaltung der Schrittregel weiter gefestigt.

Das Taktiktraining

Koordinative und konditionelle Fähigkeiten sowie technische Fertigkeiten allein reichen nicht aus. Ein guter Spieler muß darüber hinaus in der Lage sein, die genannten Leistungsfaktoren in der jeweiligen Spielsituation zum richtigen Zeitpunkt angemessen einzusetzen. Damit ist der Bereich der sogenannten taktischen Fähigkeiten angesprochen.

Taktik läßt sich in

- Individual-, Gruppen- und Mannschaftstaktik sowie in
- Angriffs- und Abwehrtaktik untergliedern.

	Individual- taktik	Gruppen- taktik	Mannschafts- taktik
Angriff	Korbwurf, Durchbruch, Täuschungen im Spiel 1–1	Give and Go: Schneiden, Backdoor gehen; Blocken und Abrollen	Fast Break, Spielzug gegen M-M-V, Spielzug gegen B-R-V
Abwehr	Individual- verteidigung	Abwehrmöglich- keiten gegen den Block (z.B. Übernehmen, Über-den- Block-Gehen)	Mann-Mann- Verteidigung, Ball-Raum- Verteidigung, Kombinierte Verteidigung

Dem Bereich der *Individualtaktik* werden alle Aktionen zugeordnet, die Spieler in der Grundsituation 1–1 ohne Einbeziehung weiterer Mitspieler durchführen, z. B. Korbwürfe, Dribblings, Finten, Verteidigungsarbeit.

Dementsprechend beziehen sich *gruppentaktische Maßnahmen* in Angriff und Abwehr auf die Spielsituationen 2–2 und 3–3 (z. B. Give and Go, Blocken und Abrollen, Übernehmen).

Unter *Mannschaftstaktik* werden Angriffs- und Abwehrsysteme gefaßt, die der Absprache des gesamten Teams bedürfen.

Taktiktraining hat zwei grundlegende Ziele:

1. Die Spieler sollen lernen, situationsgerechte Entscheidungen zu treffen, das heißt, ihre Fähigkeit, Situationen erfolgreich zu lösen, muß erhöht werden.
2. Durch Absprachen sollen schwierige Situationen vereinfacht und damit die Situationsanforderungen verringert werden.

Eine bessere Entscheidungsfindung bei den Spielern wird, ähnlich wie im Techniktraining, erreicht, indem vereinfachte Bedingungen geschaffen werden. Im Gegensatz zum Techniktraining liegen diese Vereinfachungen nicht im motorischen, sondern im kognitiven Bereich und in der Wahrnehmung. Folgende Möglichkeiten sind denkbar:

- Spiel in «reduzierten» Situationen (z. B. 2–2);
- langsames Spiel; Durchführen der Aktion in «slow-motion»;
- die Abwehrspieler klar anleiten;
- den Angreifern Handlungsmöglichkeiten vorgeben.

Individual- und gruppentaktische Aspekte sind bereits in den Einheiten behandelt worden, mannschaftstaktische Absprachen, zum Beispiel Spielzüge und Spielkonzeptionen werden im folgenden vorgestellt. Dazu gehören sowohl Absprachen im Angriff als auch in der Abwehr.

Varianten zu Verteidigung und Angriff

Im folgenden wird zuerst die Ball-Raum-Verteidigung als Alternative zur Mann-Mann-Verteidigung erläutert. Da diese Verteidigungsform in der Anfängerschulung nicht gelehrt wird, soll erst jetzt darauf eingegangen werden. Anschließend werden ausgewählte Angriffskonzeptionen (Spielzüge gegen M-M-V und B-R-V, organisierter Schnellangriff) beschrieben.

Ball-Raum-Verteidigung

Bei der *Ball-Raum-Verteidigung* (auch *Zonenverteidigung* genannt) wird im Unterschied zur Mann-Mann-Verteidigung nicht jedem Verteidiger ein fester Angreifer zugeteilt, sondern die Defensivmannschaft verteidigt den Raum zwischen Ball und Korb *gemeinsam*.

Eine funktionierende Ball-Raum-Verteidigung unterbindet Würfe aus der Nahdistanz, verhindert Dribblings in die Freiwurfzone und versucht, Pässe in diese zu unterbinden. Gefordert sind dabei gute Grundlagen in der Individualverteidigung, eine geordnete Zusammenarbeit (blinde Verständigung über Laufwege und Zuständigkeiten) und trotz der auf den ersten Blick statischen Formationsdeckung dosierte, aber deutliche Aggressivität zumindest gegenüber dem Ballbesitzer. Eine gute Ball-Raum-Verteidigung ist gekennzeichnet durch:

- intensive Armarbeit;
- guten Überblick (peripheres Sehen);
- schnelle und saubere Fußarbeit;
- Antizipation, Bewegung bei jeder Angriffsaktion;
- Verständigung durch lautes Rufen;
- Begleiten / Übergeben von schneidenden Angreifern.

Insgesamt stellt das Erlernen einer effektiven Ball-Raum-Verteidigung hohe Anforderungen an alle Spieler und sollte deshalb erst eingeführt werden, wenn die Spieler sowohl in technischer als auch in vortaktischer Hinsicht gut ausgebildet sind und die Grundlagen der Individualverteidigung beherrschen. Sind diese Voraussetzungen gegeben, sollte jede Gruppe oder Mannschaft mit den Grundprinzipien der Ball-Raum-Verteidigung vertraut gemacht werden, um

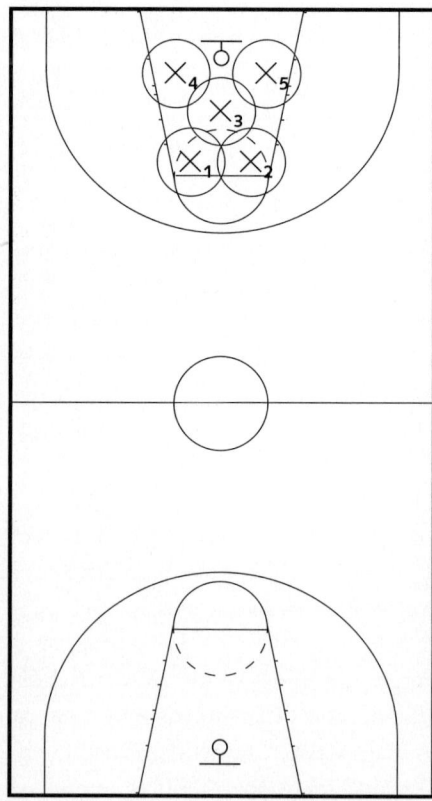

Abb. 95

- weitere Verteidigungsformen kennenzulernen und damit im Wettkampf variabler zu sein;
- zu lernen, Absprachen mit Mitspielern und der gesamten Mannschaft zu treffen und somit den Mannschaftssinn zu stärken;
- Grundregeln der Verteidigung, wie Absinken und Aushelfen, zu üben.

Bei der Ball-Raum-Verteidigung gibt es verschiedene Möglichkeiten der Grundaufstellung, wobei im folgenden schwerpunktmäßig die 2–1–2-Aufstellung behandelt wird. Dies hat mehrere Gründe:

- Die 2–1–2-Zone wird am häufigsten gespielt. Sie ist stark korborientiert, effektiv gegen Mannschaften mit schwachen Weit- und Mitteldistanzwerfern und schirmt Vor- und Brettcenter gut ab. Durch das korbnahe Deckungsdreieck (auch Rebounddreieck genannt) erleichtert sie den Verteidigungsrebound.

- Die 2–1–2-Aufstellung läßt sich leicht in eine 2–3- oder 3–2-Aufstellung abändern.
- Sie ist variabel zu spielen und damit gegen zahlreiche Angriffsformationen wirksam.

Funktionsweise der Ball-Raum-Verteidigung

Im Unterschied zur Mann-Mann-Verteidigung wird bei der Ball-Raum-Verteidigung keine bestimmte Person, sondern ein festgelegter Raum verteidigt. So kann man bei der Standardaufstellung, der 2–1–2-Zone, die in Abbildung 95 gezeigten Deckungsräume angeben. Es wird deutlich, daß sich die Verantwortungsbereiche der Verteidigung überschneiden.

Abb. 96

Abb. 97

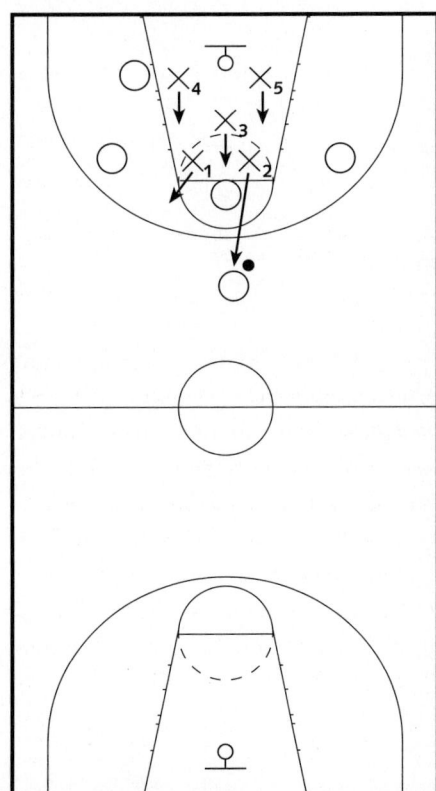
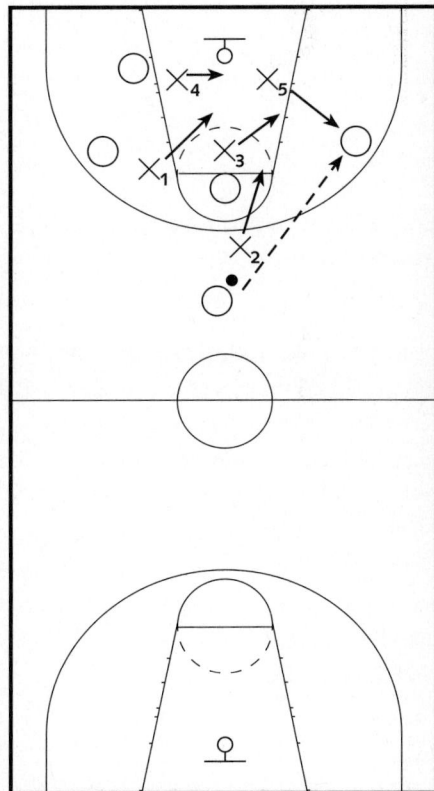

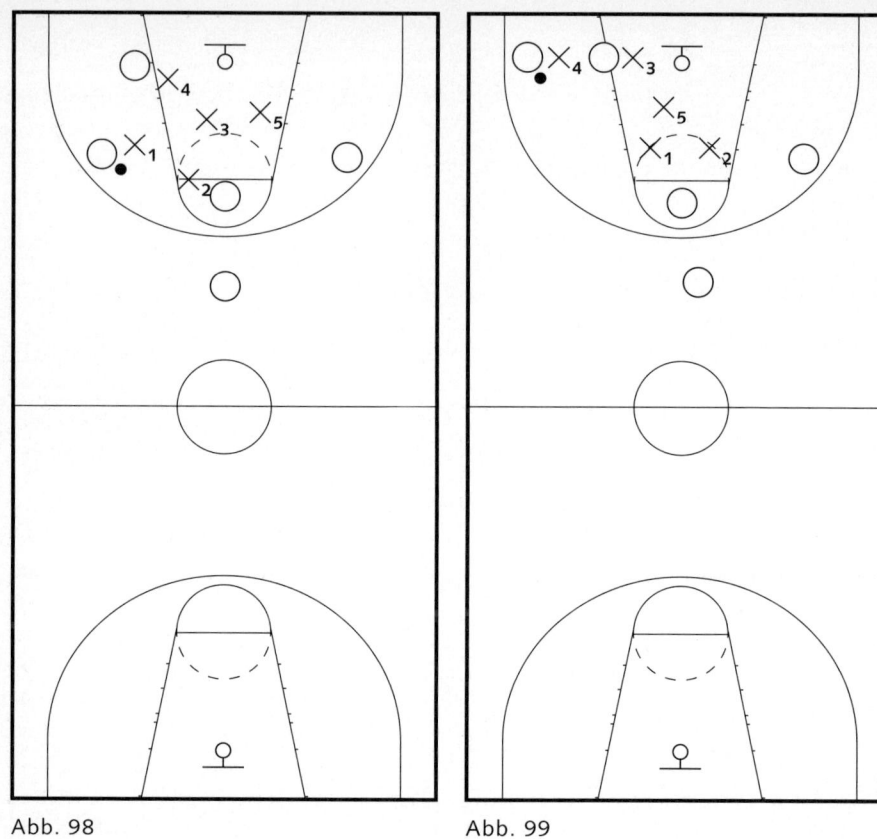

Abb. 98   Abb. 99

Ein weiteres Grundprinzip der Ball-Raum-Verteidigung ist die Orientierung zum Ball. Das heißt: Ist der Ball auf der Aufbauposition, steht die Verteidigung in ihrer Grundaufstellung. Um einen Wurf des Aufbauspielers zu verhindern, greift ihn der Verteidiger auf der centerfreien Seite (X_2) an, alle anderen Verteidiger rücken in die freiwerdenden Räume nach (Abb. 96). Wird der Ball auf die Flügelposition gepaßt, orientieren sich alle Spieler, siehe Abbildung 97, zum Ball. Das bedeutet, daß die Grundaufstellung zwar beibehalten wird, jedoch je nach Ballbesitz verschoben wird. Zum besseren Verständnis zeigen die Abbildungen 98 und 99 die Positionen der Verteidiger bei der 2 – 1 – 2-Aufstellung mit unterschiedlichen Ballpositionen (Flügel auf centerstarker Seite).

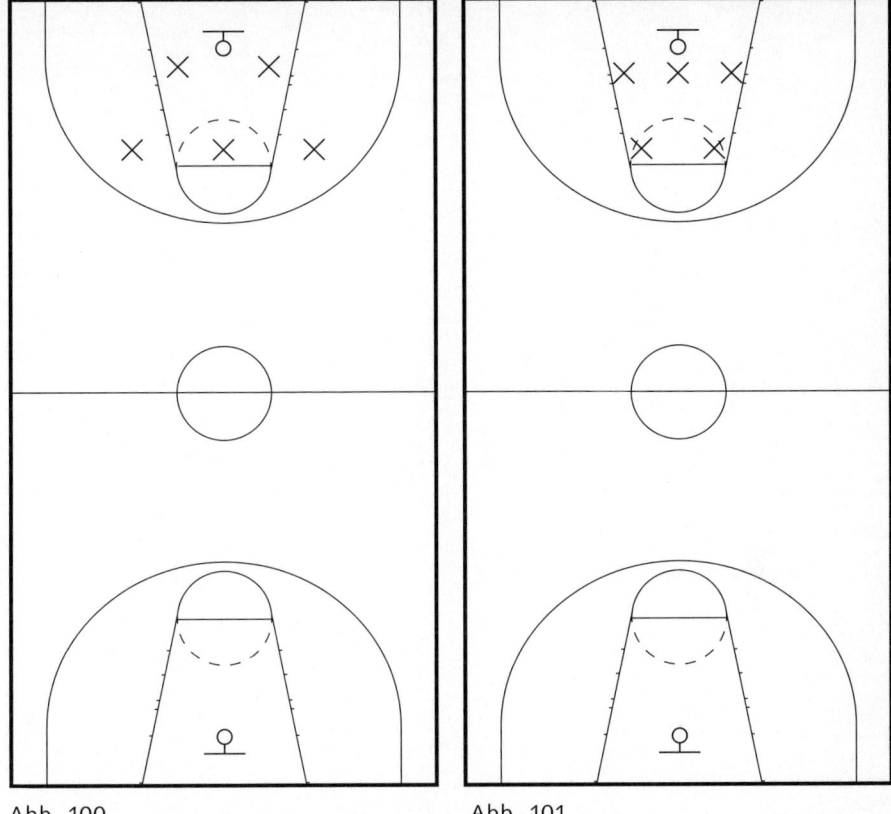

Abb. 100   Abb. 101

Wechselt ein Angreifer die Position, muß die Aufgabe der Verteidigung von einem Spieler auf den anderen übertragen werden, wobei es leicht zu Abstimmungsschwierigkeiten kommt. Zum Beispiel: Der Verteidiger rechts vorn deckt den linken Flügelspieler. Läuft dieser durch die Zone auf die Centerposition unten rechts, wird erst an den Verteidiger in der Mitte und danach an den unten links postierten übergeben. Die Kommunikation innerhalb der Mannschaft muß also so gut funktionieren, daß der Angreifer in keiner Phase seines Laufweges ungedeckt ist und ein eventuelles Anspiel innerhalb des Drei-Sekunden-Raumes verhindert werden kann.

Weitere Formen der Ball-Raum-Verteidigung sind die 3–2-, die 2–3-, die 1–2–2- und die 1–3–1-Aufstellung. Diese haben unterschiedliche Stärken und Schwächen. Die Abbildungen 100–103 zeigen die jeweilige Grundaufstellung, die Vor- und Nachteile werden im folgenden erläutert:

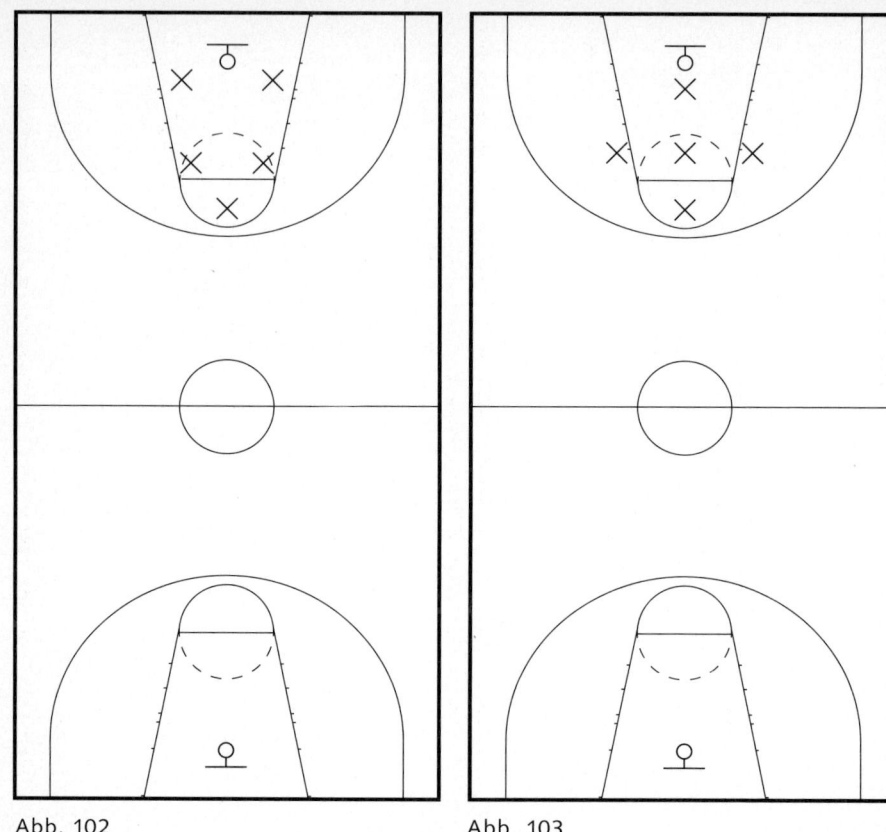

Abb. 102   Abb. 103

Die *3–2-Grundaufstellung* (Abb. 100) ist besonders effektiv gegen gute Flügelspieler, außerdem wird der Raum an der Freiwurflinie gut abgeschirmt. Die Schwächen
liegen unter dem Korb, die 3–2-Zone ist nicht sehr reboundstark.

Die *2–3-Grundaufstellung* (Abb. 101) hat ihre Stärke direkt unter dem Brett. Sie sichert die Grundlinie, eignet sich also gegen starke Brettcenter und Mannschaften
mit tiefen Flügeln. Der Aufbauspieler wird allerdings nicht unter Druck gesetzt.

Die *1–2–2-Grundaufstellung* (Abb. 102) ist wirksam gegen Mannschaften mit
starken Flügeln und einem guten Aufbauspieler. Schwachpunkt ist die Mitte, was
eine sehr gute Absprache aller Spieler erforderlich macht, um Angriffe in diesem
Bereich zu verhindern.

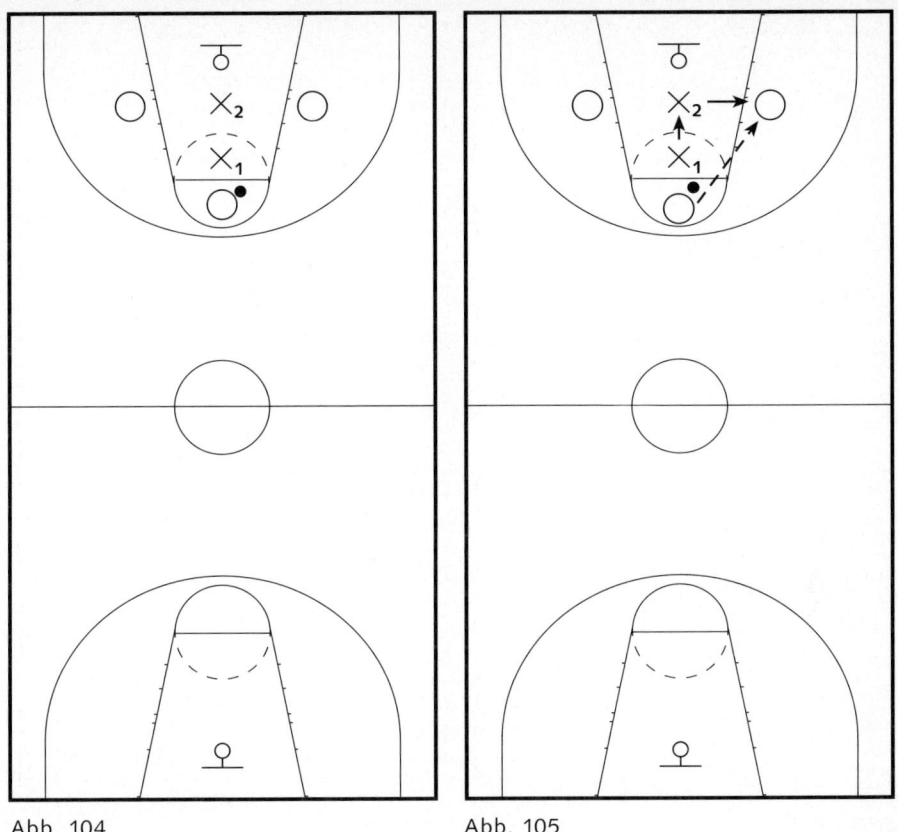

Abb. 104   Abb. 105

Die *1–3–1-Grundaufstellung* (Abb. 103) setzt ebenfalls Flügel und Aufbau stark unter Druck, der Vorcenter wird ausgeschaltet. Die Schwachstelle ist unter dem Korb, wo beispielsweise ein Rebounddreieck erst formiert werden muß.

Für das Trainieren der Ball-Raum-Verteidigung eignen sich besonders Übungen mit Überzahl im Angriff (aus Sicht der Verteidiger 2–3, 3–4). Es wird die Verteidigungsgrundhaltung und das Absinken geschult. Der Verteidiger, der sich bei dem Ballbesitzer befindet, muß nach erfolgtem Paß absinken. Das bedeutet, daß er nicht auch Verteidiger des neuen Ballbesitzers sein wird. Dies übernimmt der Abwehrspieler, der dem neuen Ballbesitzer am nächsten ist.

❶ *2–3:* Angreifer und Verteidiger stellen sich wie in Abbildung 104 auf. Der Angreifer in Ballbesitz wird von dem «ballnahen» Verteidiger angegriffen, während

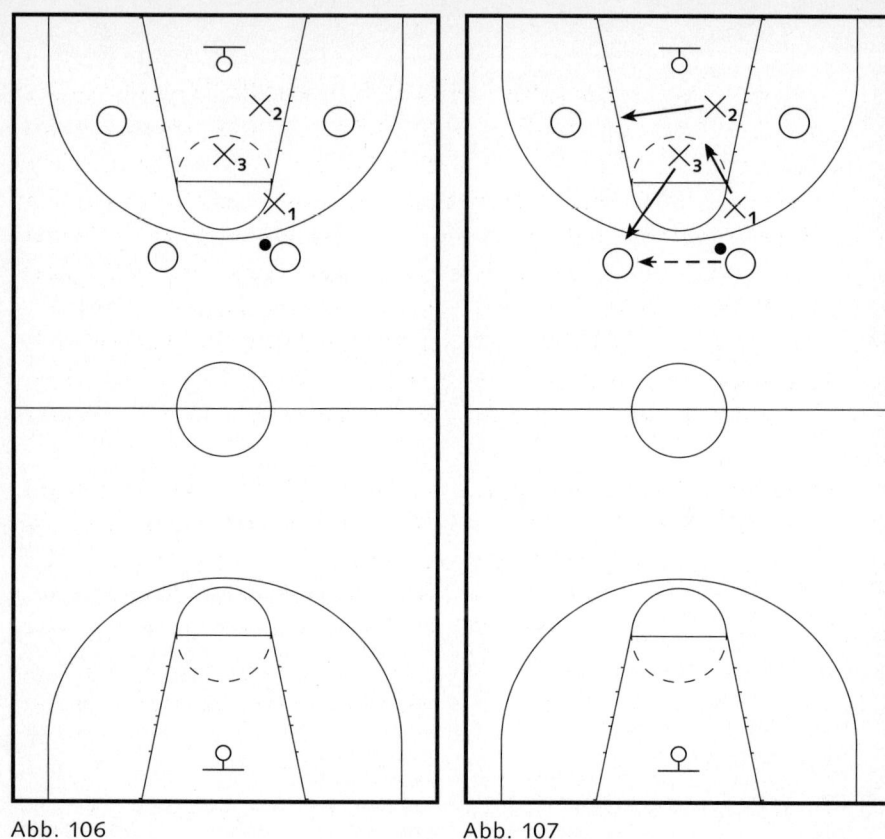

Abb. 106   Abb. 107

der andere in die Mitte absinkt. Geht der Paß vom Aufbau auf den Flügel, greift X_2 den Flügel an, X_1 sinkt ab usw. (Abb. 105). Derselbe Verteidiger geht niemals zweimal hintereinander zum Ball.

❷ *3–4:* Es gelten folgende Grundsätze: Ein Verteidiger greift den Ballbesitzer an, die beiden anderen sinken ab, wobei auf der Ballseite ein Übergewicht sein muß (Abb. 106). Bei einem Paß vom rechten zum linken Aufbauspieler rotieren die Abwehrspieler. Das heißt, X_1 und X_2 sinken ab, X_3 greift den neuen Ballbesitzer an (Abb. 107).

Angriff gegen Mann-Mann-Verteidigung

Beim Angriff gegen die Mann-Mann-Verteidigung gibt es für den einzelnen Spieler und für die Mannschaft verschiedene Möglichkeiten, wobei der Block (direkt und indirekt) am effektivsten ist (s. Einheit 11). Das Ziel eines eingeübten Spielzuges mit mehreren Block- und Abrollsituationen ist, daß ein Spieler frei zum Korb ziehen kann. Für einen erfolgreichen Block muß die Grundtechnik beherrscht werden. Ein schlecht gestellter Block führt nicht nur häufig zu einem Foul, sondern ermöglicht es dem Verteidiger sogar, seinem Gegenspieler zu folgen.

Nachfolgend wird eine Möglichkeit des Angriffs gegen die Mann-Mann-Verteidigung vorgestellt, die relativ leicht zu erlernen ist. (Weitere Spielzüge gegen die genannten Verteidigungsformen sind bei Kozocsa (1985) und Neumann (1990) zu finden.)

Ausgegangen wird von der Aufstellung mit einem Aufbau-, zwei Flügelspielern, einem Post und einem Brettcenter (1–3–1): Der Ball ist beim Aufbauspieler. Der erste Paß (1) erfolgt zum rechten Flügel (centerfreie Seite = die Seite, auf der kein Brettcenter postiert ist). Zeitgleich (2) stellen der Aufbauspieler (beim rechten Flügel) und der Post (beim Brettcenter) einen Block (Abb. 108). Dabei laufen die Spieler direkt zu ihren Mitspielern, die Blöcke werden jeweils auf der korbfernen Seite möglichst außerhalb der Zone gestellt (Achtung: Drei-Sekunden-Regel!).

Es gibt nun für den Ballbesitzer mehrere Möglichkeiten:
1. Er zieht direkt zum Korb. Dazu täuscht er einen Durchbruch an der Grundlinie an, geht aber über den Block zum Korb.
2. Ist dies nicht möglich, spielt er den abrollenden Aufbauspieler an, der seinerseits mit Korbleger abschließt.
3. Beide Varianten sind nicht möglich, da die Verteidigung es zu verhindern weiß. Dann geht der Brettcenter auf der Gegenseite über den Block und kann einen Paß erhalten (Abb. 109).
4. Der abrollende Post bietet sich an der Grundlinie an (Abb. 110).

Bei Anfängern sollte vorerst nicht der Wurf am Block geschult werden, da es hierbei häufig zu hektischen, technisch schlechten Würfen mit geringer Erfolgsquote kommt. Außerdem wird der Block erfahrungsgemäß zu weit außerhalb der Zone gesetzt, so daß Anfänger noch nicht sicher treffen können. (*Wurf am Block* bedeutet, daß ein ballbesitzender Spieler nach gestelltem Block direkt wirft, da sein Gegner von dem Mitspieler an der Verteidigung gehindert wird und er so frei zum Wurf kommen kann. Er hat auch die Möglichkeit, mit einem Dribbling am Block

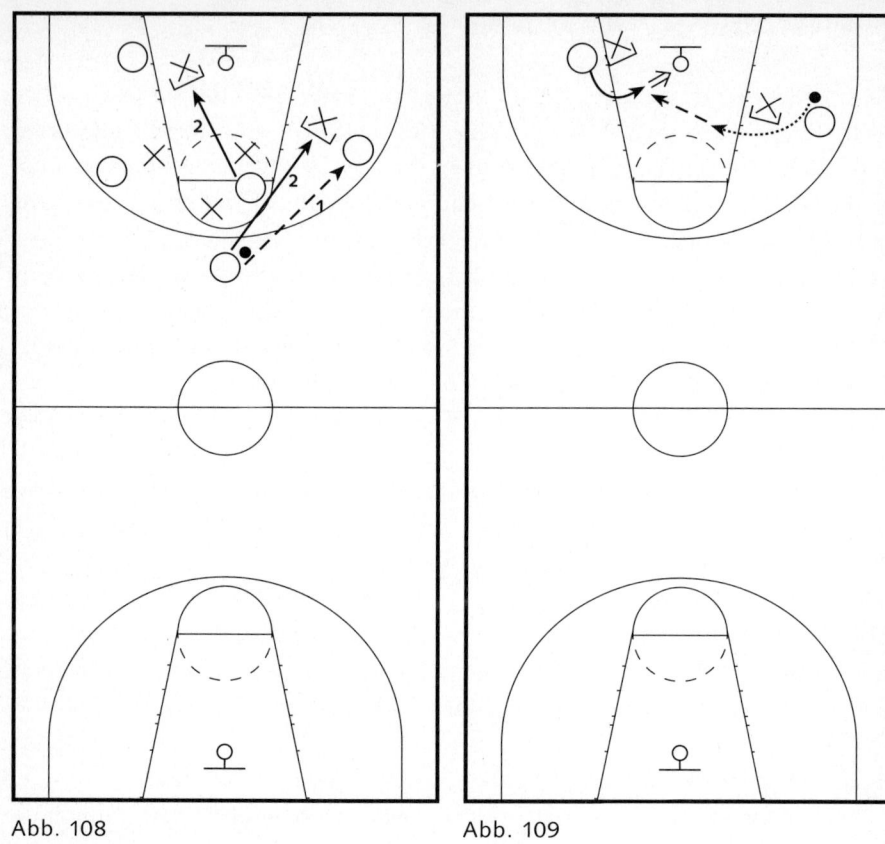

Abb. 108   Abb. 109

vorbeizugehen und sich so auf eine günstigere Position zu bringen, um nach einem Stopp zu werfen.)

Angriff gegen Ball-Raum-Verteidigung

Auch hier wird eine Möglichkeit vorgestellt, wie ein organisierter Angriff gegen eine Ball-Raum-Verteidigung aussehen kann. Sinnvolle Angriffstaktiken sind das Give and Go (Einheit 8), das Überlagern und die Rotation.

Gehen wir wieder von der Grundaufstellung 1–3–1 aus. Der Ball ist beim Aufbauspieler und wird zum Flügel auf der centerfreien Seite gepaßt. Es gibt jetzt folgende Möglichkeiten:

Abb. 110   Abb. 111

1. Give and Go: Der Aufbauspieler paßt den Ball zum Flügelspieler (1). Dieser täuscht einen Wurf an. Der Aufbauspieler läuft auf der Seite des Ballbesitzers in die Zone (siehe Laufweg 2, Abb. 111), bietet sich an und schließt nach Ballerhalt möglichst mit Korbleger ab.

2. Überlagerung: Der Flügel paßt zum Aufbauspieler zurück und läuft an der Grundlinie entlang auf die andere Seite. Inzwischen erfolgt der Paß auf den anderen Flügel und weiter auf den überlagernden Spieler. Dieser kann den Wurfschirm vom Brettcenter zum freien Wurf nutzen (Abb. 112). Für den Wurfschirm muß sich der Centerspieler, wenn er sieht, daß der Flügel von der Gegenseite durch die Zone zum Überlagern kommt, mit dem Rücken zum Korb an der Zone postieren. Indem der Flügelspieler eng an seinem Mitspieler vorbeischneidet, wird verhindert, daß sich ein Verteidiger zwischen die beiden Spieler begeben kann. Der Cen-

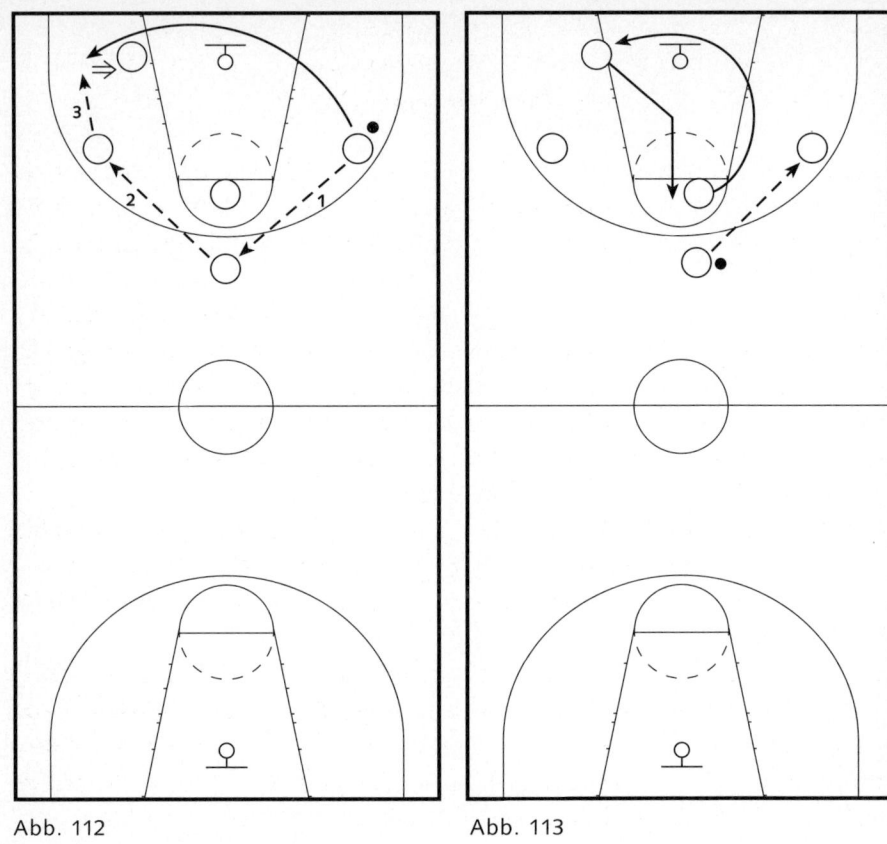

Abb. 112   Abb. 113

ter schirmt einen Verteidiger so ab, daß der Flügelspieler nach Ballerhalt frei zum Wurf kommen kann.

3. Rotation: Der erste Paß geht wieder zu dem Flügel auf der centerfreien Seite. Zeitgleich starten der Post und der Brettcenter und versuchen, sich so freizulaufen, daß ein Anspiel ermöglicht wird (Abb. 113). Dabei ist der ständige Blickkontakt beider Spieler zum Ballbesitzer wichtig. Der Flügelspieler selbst täuscht einen Wurf an, um einen Verteidiger auf sich zu ziehen und damit die Möglichkeit zu einem Anspiel zu schaffen.

Der Brettcenter sollte zuerst in die Mitte der Zone (Möglichkeit eines Nahdistanzwurfes), dann zur Freiwurflinie laufen. Der Post läuft in einem Bogen auf der Ballseite durch die Zone unter dem Korb hindurch auf die Brettcenterposition. Beide

Spieler dürfen nicht auf ein Anspiel warten, sondern müssen kontinuierlich *durch-laufen*. Zum einen kann es leicht zur Drei-Sekunden-Regel-Übertretung, zum anderen zur Verzögerung des weiteren Spielzuges kommen.

4. Falls beide Anspiele nicht möglich sind und der Flügel in Ballbesitz ebenfalls nicht frei auf den Korb werfen kann, paßt er den Ball zum Aufbauspieler zurück und läuft an der Grundlinie entlang, um auf der anderen Seite zu überlagern (s. 2.).

Sowohl bei 2. als auch bei 3. müssen die Aufbau- und Flügelspieler ihre Positionen wechseln. Das heißt, daß in dem Moment, in dem der Flügelspieler überlagert hat – der Angriff aber nicht beendet werden konnte –, der Aufbau die Position des rechten Flügels, der andere Flügel die des Aufbaus einnimmt und der überlagernde Flügel auf die linke Flügelposition rückt. Jetzt ist die Ausgangssituation wiederhergestellt, und der Spielzug kann erneut beginnen.

Bei allen Angriffsmöglichkeiten ist die optimale Form des Abschlusses der Korbleger. Jedoch sollte jeder Spieler, der in Ballbesitz ist, versuchen, sich korbgefährlich zu machen. Er kann einen Wurf antäuschen oder, wenn es die Situation zuläßt, direkt auf den Korb werfen.

Einen Spielzug einzuüben, kostet viel Zeit und Energie. Bei Anfängern empfehlen sich vorerst Teilschritte (z. B. nur Give and Go oder Blocken und Abrollen), da der gesamte Spielzug zu kompliziert ist und so schnell Langeweile und Desinteresse auftreten können. Zu den einzelnen Schritten kann man Übungen aus den Einheiten 6 und 8 zur Individual- und Gruppentaktik auswählen.

Der organisierte Schnellangriff

Schnellangriff oder «Fast Break» heißt, den Ball möglichst schnell nach vorne zu spielen und zum Korberfolg zu gelangen, bevor die gegnerische Mannschaft ihre Verteidigungsposition einnehmen kann. Eingeleitet wird er mit dem Erlangen des Balls nach Rebound, Einwurf (bei Ausball oder Korberfolg des Gegners) oder gewonnenem Sprungball. Die einfachste Möglichkeit des Schnellangriffs, einen langen Paß auf einen nach vorne startenden Spieler zu geben, ist nur selten möglich. Gerade bei Anfängern macht ein langer Paß zusätzlich Schwierigkeiten, da weder genügend Kraft noch die notwendige Übersicht vorhanden sind. Deshalb wird ein Schnellangriff in den meisten Fällen mit kurzen Pässen eingeleitet. Bei dem sogenannten organisierten Schnellangriff sind die Positionen der Spieler und die Wege des Balls vorher festgelegt. Wie bei den Spielzügen gegen die Mann-Mann- oder Ball-Raum-Verteidigung gibt es natürlich auch hier Variationsmöglichkeiten.

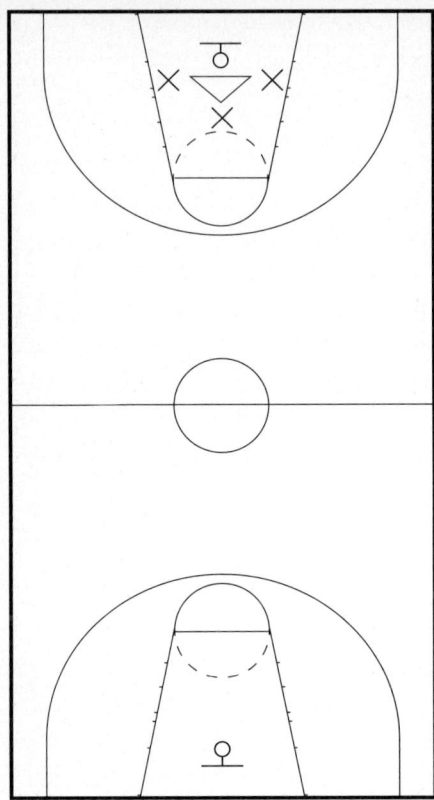

Abb. 114

Der Schnellangriff kann sowohl aus der Mann-Mann- als auch aus der Ball-Raum-Verteidigung gespielt werden. Aus der Ball-Raum-Verteidigung ist er einfacher zu organisieren, da die Spieler feste Positionen haben.

Der Schnellangriff gliedert sich in drei Phasen: Ballsicherung, Ballvortrag und Korbwurf. Nachfolgend wird von der Situation des Ballgewinns durch den Rebound ausgegangen. Unabhängig von der gewählten Verteidigungsart bilden die Verteidiger ein Rebounddreieck (Abb. 114).

Die Spieler unter dem Brett haben die Aufgabe, den Rebound zu erkämpfen und den Ball zu sichern. Nach Ballgewinn laufen die beiden Spieler, die den Ball nicht bekommen haben, nach außen zur Seitenlinie und bieten so dem Rebounder zwei Anspielmöglichkeiten. Das Anbieten nach außen und nicht etwa nach vorne hat folgende Gründe:

1. Die Breite des Feldes wird ausgenutzt, so daß die Verteidiger Schwierigkeiten haben, den Paß abzufangen.
2. Es sind gleich drei Angriffsspuren besetzt, die während des gesamten Schnellangriffs eingehalten werden.
3. Der erste Paß ist ein kurzer, ungefährlicher Paß, den der Rebounder auch in Bedrängnis ausführen kann.

Der Rebound und anschließende Paß nach außen werden kurz demonstriert, das Timing des Rebounds wiederholt. Anschließend werden Verteidiger eingesetzt, die anfangs passiv sein sollen. Die ersten Male wird zur Schulung der Ball so an das Brett geworfen, daß er immer vom Mittelmann reboundet werden kann. Ist der Laufweg der einzelnen Spieler klar, wird der Ball willkürlich gespielt, so daß die Situation entsteht, in der ein Außenspieler den Ball reboundet und der mittlere Spieler an dessen Stelle zur Seitenlinie laufen muß.

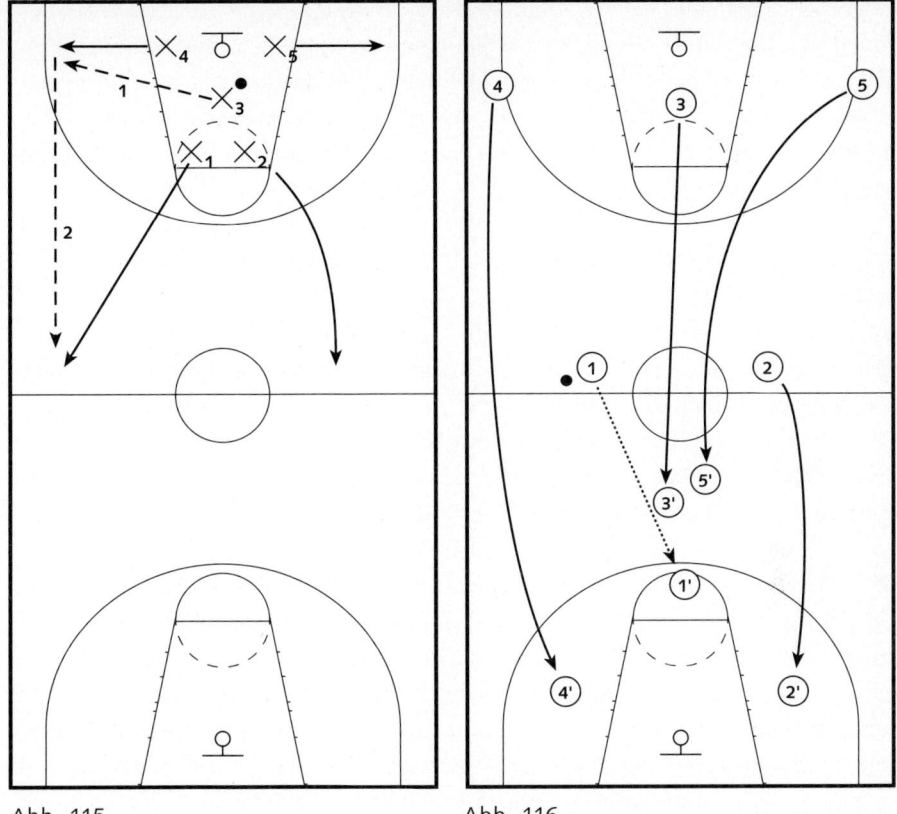

Abb. 115   Abb. 116

Nach dem ersten Paß gibt es verschiedene Möglichkeiten, den Schnellangriff wei-
terzuführen. Ein Beispiel (Abb. 115): Der erste Paß geht zum Außenspieler, der
zweite Paß muß den Flügelspieler auf derselben Seite *vor* der Mittellinie erreichen
(sonst Gefahr des Rückspiels). Dieser Spieler dribbelt auf der Mittelspur bis zur
Freiwurflinie. Der Paßgeber läuft auf der Außenspur, der andere vordere Verteidiger auf der Gegenseite (Abb. 116).

Dabei ist es wichtig, daß alle drei Längsspuren besetzt werden, um die Verteidigungsarbeit zu erschweren. Im optimalen Fall entsteht eine Überzahl, die bis zum
Korbleger ausgespielt werden sollte. Zu Übungszwecken sollte der Schnellangriff
vorerst ohne Verteidigung gespielt werden, um die Laufwege einzuüben. Dabei laufen die ehemaligen Verteidiger X_3 und X_5, die sogenannten «Trailer», auf der Ballseite als letzte durch die Zone, um eventuell vom Flügelspieler einen Paß unter den

Korb zu erhalten. Für die Trailer gilt, wie bei der Rotation, daß sie sich kontinuierlich durch die Zone bewegen und sich anspielbereit machen müssen. Auch wenn das Anspiel nicht möglich ist, geben sie durch das Mitziehen der Verteidiger eventuell dem Aufbau- oder Flügelspieler die Möglichkeit zu einem ungehinderten Wurf. Ist weder ein Anspiel noch der Wurf von der Außenposition möglich, beginnt der normale Positionsangriff.

Der Spielzug kann nicht sofort komplett eingeübt werden. Folgende Vorgehensweise ist sinnvoll:

❶ Wichtig ist vor allem die Ausgangssituation, nämlich der erste Paß nach Ballerhalt auf den sich anbietenden Mitspieler nach außen. Gerade Anfänger haben das Bestreben, nach Ballerhalt sofort zu dribbeln, obwohl dies wesentlich langsamer und gefährlicher (Ballverlust) ist, als den Ball zu passen. Hilfreich ist hier die Aufgabenstellung, einen Angriff ohne Dribbling durchzuführen.

❷ Als zweiter Teilschritt erfolgt das Überzahlspiel 2−1 und 3−2 (s. Einheit 10). Die Spieler müssen lernen, die Verteidigung auszuspielen und die Chance des 1−0 zu nutzen. Während der Ballvortrag bis zum gegnerischen Korb durch schnelles Paßspiel und das Vorwärtsbewegen der gesamten Mannschaft gekennzeichnet ist, muß am gegnerischen Korb die Übersicht und das überlegte Spiel im Vordergrund stehen. Durch Einhalten der drei Angriffsspuren (Verteidiger haben längere Wege zu ihren Gegnern) und schnelles Passen um die Zone kann die Verteidigung ausgespielt werden. Es muß auch darauf geachtet werden, daß der Ballbesitzer und die anderen Angreifer sich nicht auf einer Höhe bewegen. Optimal ist es, wenn der Aufbauspieler einen in die Zone schneidenden Flügel so anspielen kann, daß dieser direkt mit Korbleger 1−0 abschließen kann.

❸ Hat sich die Verteidigung schon so weit formiert, daß der Flügelspieler nicht ungehindert zum Korb ziehen kann, laufen nachfolgend die Trailer durch die Zone. Diese Situation kann in einem dritten Teilschritt geübt werden. Der ballbesitzende Flügel wird instruiert, nach einer Wurftäuschung einen der beiden durchlaufenden Trailer anzuspielen. Wichtig ist hierbei, daß die beiden Trailer nacheinander auf der Ballseite durch die Zone schneiden, um die Verteidigung zu erschweren.

Das Konditionstraining

Mangelnde Kondition kann dazu führen, daß mit zunehmender Spielzeit die Wurfgenauigkeit abnimmt und sich Fehlwürfe und Fehlpässe häufen.

Konditionstraining zielt auf eine generelle Verbesserung von Ausdauer, Kraft, Schnelligkeit und Beweglichkeit ab, wobei Belastungs- und Erholungsphasen systematisch aufeinander abgestimmt sein müssen, so daß biologische Adaptationen der Muskulatur sowie des Herzkreislaufsystems erreicht werden. Derartige Anpassungen kommen jedoch nur zustande, wenn regelmäßig, intensiv und langandauernd trainiert wird.

Im Rahmen einer Basketball-Grundausbildung steht ein isoliertes Konditionstraining hintan. Nicht nur, weil gerade bei Lernanfängern koordinative und technische Aspekte im Vordergrund stehen, sondern auch, weil beispielsweise aus Zeitgründen (zwei Schulstunden, ein bis zwei Trainingseinheiten pro Woche) keine ausreichenden Belastungsreize gesetzt werden können.

In diesem Sinne kann eine allgemeine sportliche Grundausbildung der konditionellen Fähigkeiten nicht geleistet werden. Sie kann lediglich durch spiel- und basketballspezifische Übungsformen mit konditionellen Anteilen unterstützt werden. Zur Konditionsschulung sollten Wurf-, Paß- und Dribbelübungen unter konditioneller Belastung möglichst wettkampfnah durchgeführt oder bekannte Paß- und Dribbelübungen dementsprechend geändert werden. Ein Beispiel aus dem Bereich des Passens ist das sogenannte Achterlaufen, bei dem sich drei Spieler den Ball zupassen und jeweils ihrem Paß nachlaufen müssen, bis mit Korbleger abgeschlossen wird. Hier kann der Trainer einschränkend vorgeben, daß bis zum Gegenkorb nur drei Pässe erlaubt sind (dementsprechend verlängern sich die Laufwege und müssen schneller absolviert werden) und die Übung sofort zum Ausgangskorb zurück fortgesetzt wird (der Spieler, der den nächsten Paß bekommen hätte, holt den Rebound und startet den nächsten Durchgang).

Bei Dribbelübungen bietet es sich an, diese wettkampfmäßig durchzuführen (Staffeln usw.), wobei zahlreiche Anregungen aus dem Bereich des leichtathletischen Ausdauertrainings übernommen werden können (intensive und extensive Intervallmethode usw.).

Konditionsübungen sollten im Anschluß an die Technikschulung durchgeführt werden. Dadurch wird vermieden, daß das Erlernen oder Verbessern von technischen Fertigkeiten im ermüdeten Zustand stattfindet. Andererseits haben wir gerade mit jüngeren Spielern (10–12 Jahre) die Erfahrung gemacht, daß es durchaus sinnvoll sein kann, bereits in die Aufwärmphase konditionell belastende Übungen zu integrieren, um ihrem «Austobbedürfnis» gerecht zu werden.

Die Übungsprogramme

Im folgenden werden vier Übungsprogramme vorgestellt: Die Übungsprogramme 1 und 2 bieten sich für eine Aufwärmphase an, Übungsprogramm 3 ist ein Stationstraining für den Stundenhauptteil, im Übungsprogramm 4 werden Komplex- und Wurfübungen vorgestellt.

Übungsprogramm 1 (Ballgewöhnung, Dribbeln)

Jeder Spieler mit einem Ball. Aufstellung der Gruppe (bis zu 30 Spieler) an der Hallenstirnseite. Je nach erwünschter Intensität und Dauer können die folgenden Übungen ein oder zwei Bahnen lang (hin und zurück) durchgeführt werden:
- vorwärts laufen, den Ball auf der ausgestreckten rechten Hand tragen,
- vorwärts laufen, den Ball auf der ausgestreckten linken Hand tragen,
- vorwärts laufen, den Ball vor dem Körper mit gestreckten Armen mit den Fingerspitzen aus dem Handgelenk hin- und hertippen,
- vorwärts laufen, den Ball um den Körper kreisen,
- vorwärts laufen, den Ball über dem Kopf hin- und hertippen, wiederum mit gestreckten Armen,
- vorwärts laufen, den Ball in die andere Richtung um den Körper kreisen,
- vorwärts gehen, den Ball in Form einer Acht um die Beine geben (erst den Fuß vor- und aufsetzen, dann den Ball durchgeben),
- vorwärts gehen, den Ball in Form einer Acht um die Beine rollen,
- dribbeln: vorwärts – starke / schwache Hand,
- dribbeln: rückwärts – starke / schwache Hand,
- dribbeln mit Tricks oder Dribbelfinten,
- Linienpendel: mit der starken Hand bis zur ersten vorgegebenen Linie dribbeln, diese berühren, mit der schwachen Hand bis zur Startlinie zurückdribbeln; dasselbe bis zur 2., 3., 4. … Linie.

Übungsprogramm 2 (Verteidigungsarbeit)

❶ Quivern auf Zeichen des Lehrers oder Trainers (vgl. Einheit 4, Übung 2, Hauptteil).

❷ Linien-Quivern: Die Spieler stehen in der rechten Ecke des Volleyballfeldes. Der erste Spieler läuft bis zur ersten Querlinie, stoppt ab (Basketballgrundstellung) und quivert bis zum Linienende nach links. Von hier aus läuft er weiter vorwärts, stoppt auf Höhe der Mittellinie ab und quivert nach rechts usw. Am Ende des Feldes angekommen, gleitet er mit Verteidigungsschritten außerhalb des Volleyballfeldes zur Gruppe zurück. Spieler 2 beginnt, wenn Spieler 1 sich in der Mitte der ersten Linie befindet.

❸ Ein Angreifer dribbelt gegen zwei Verteidiger auf dem Basketballlängsfeld. Die Verteidiger versuchen, den Angreifer zu stoppen, indem sie sich eng nebeneinander bewegen und sich gegenseitig aushelfen.

❹ Aufstellung an der Zone: 3 Angreifer, 2 Verteidiger in Tandemaufstellung. Die Angreifer passen sich den Ball möglichst schnell zu, wer frei ist, wirft auf den Korb. Bei Korberfolg bleiben die Verteidiger, bei einem Fehlwurf wird der Werfer zum Verteidiger. Angreifer und Verteidiger wechseln ebenfalls bei einem Fehlpaß.

Übungsprogramm 3 (Stationstraining)

7 Stationen (2 Korbanlagen), jede Station wird doppelt aufgebaut (Abb. 117); Spieler bilden Zweiergruppen, einer übt, während der andere pausiert (z. B. 20 Sekunden Üben, 20 Sekunden Pause):

Station 1: drei kleine Kästen im Dreieck, Gleitschritte mit Kastenberührungen in vorgegebener Reihenfolge, für drei Kastenberührungen ein Punkt;

Station 2: zwei Pylonen auf den Ecken der Freiwurflinie, Korbleger rechts von rechts, Rebound, durch die Mitte mit links um die Pylone dribbeln, Korbleger links usw., je Treffer ein Punkt (zwei Spieler können nacheinander starten);

Station 3: Slalomdribbeln um Fahnenstangen oder Pylonen, hin und zurück, je Bahn ein Punkt;

Station 4: Überkopfpässe in ein Zielfeld, je Treffer ein Punkt;

Station 5: Spieler setzt sich mit dem Rücken gegen die Wand (90°-Winkel von Ober- und Unterschenkel) und dribbelt mit zwei Bällen, für drei Dribblings ein Punkt;

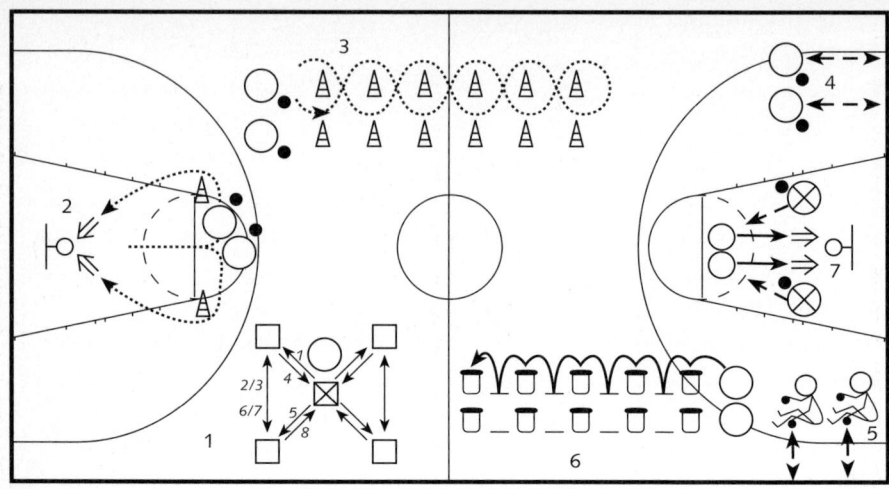

Abb. 117

Station 6: Kastenbahn mit fünf kleinen Kästen: Auf- und Niedersprünge, je Bahn ein Punkt;

Station 7: Korbwürfe aus der Zone (Partner paßt den Ball zurück), je Treffer zwei, je Wurfversuch einen Punkt.

Übungsprogramm 4 (für Fortgeschrittene)

❶ Dreiergruppen; rechts- oder linksherum (mehrere Gruppen pro Spielfeld möglich).

Abschluß: Korbleger, Korbwurf oder Sprungwurf nach Stoppschritt.

1 paßt den Ball zu dem nach vorne gelaufenen 2 (2'), bekommt den Ball von 2 auf Höhe der Mittellinie zurückgepaßt (1'), paßt zu 3 und schließt nach Rückpaß von 3 mit Korbleger oder Korbwurf ab. 4, 5 und 6 führen die Übung gleichzeitig auf der anderen Spielfeldhälfte durch. 2 (5) nimmt die Position von 3 (6) ein, 3 (6) geht zum Rebound und paßt den Ball zu 1 (4), der nach außen gelaufen ist usw. (Abb. 118).

❷ Dreiergruppen; im Fluß rechts- oder linksherum; (2 Gruppen gleichzeitig); pro Durchgang darf der Ball nur einmal den Boden berühren (nach Rebound oder beim Dribbling zum Korb);

1 beginnt mit Korbleger und läuft anschließend nach außen (1', a); 2 paßt den Ball nach Rebound zu 1 (1', b); währenddessen startet 3 auf den Gegenkorb (b), be-

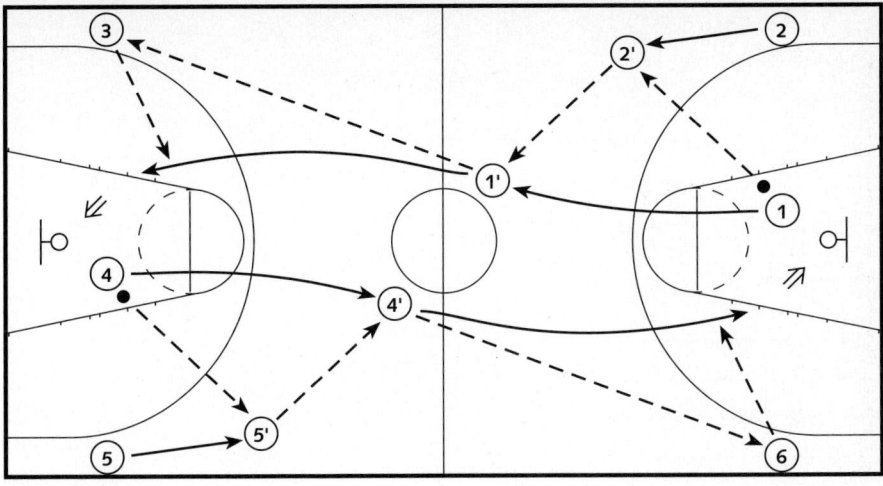

Abb. 118

kommt einen langen Paß von 1 (c); 3 schließt nach Ballerhalt mit Korbleger (möglichst ohne Dribbling) ab; 1 (d) geht zum Rebound, 3 (3') bietet sich außen an; währenddessen ist 2 bis zur Drei-Punkte-Linie gelaufen (2') und zum gegnerischen Korb gestartet. 1 paßt zu 3 (3'), 3 zu 2 (2') usw. (Abb. 119).

Abb. 119

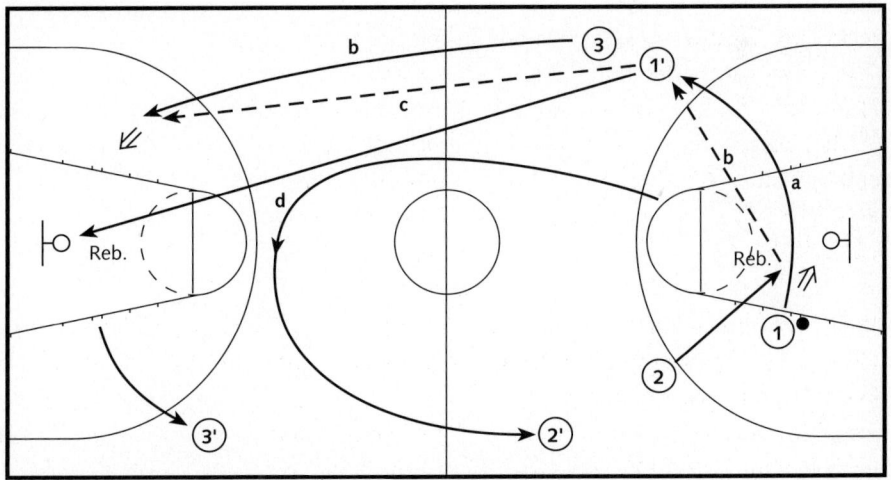

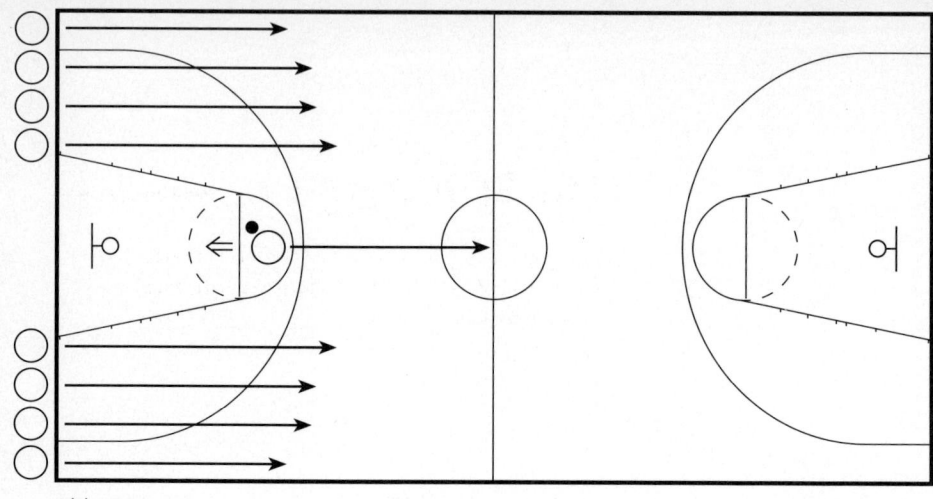

Abb. 120

❸ Jeder Spieler wirft nacheinander 2 Freiwürfe. Die übrigen Spieler stehen an der Grundlinie. Bei einem verworfenen Freiwurf machen alle Spieler einen Sprint zur anderen Hallenseite und wieder auf ihre Position zurück. Die Übung endet, wenn jeder Spieler 2 Freiwürfe geworfen hat (Abb. 120).

❹ Falls viel Platz zur Verfügung steht: 1–1 oder 2–2 auf dem ganzen Feld.
Weitere Übungen zur Konditionsschulung ([K]) sind in den Einheiten dargestellt.

Die Spielregeln ←－－－

Die aufgeführten Spielregeln beinhalten die aktuellen, nach der Weltmeisterschaft 1994 in Kraft getretenen Regeländerungen.

Basketball ist ein Spiel mit sehr vielen komplizierten Regeln, die für den Laien nicht leicht zu verstehen sind. Deshalb werden im folgenden nur die wichtigsten Regeln vereinfacht beschrieben, die Schiedsrichterzeichen dargestellt und die Strafe für die jeweilige Regelübertretung genannt.

Spielgedanke

Zwei Mannschaften zu je fünf Spielern versuchen, den Ball in den gegnerischen Korb zu werfen und zu verhindern, daß der Gegner sich in Ballbesitz bringt und Körbe erzielt.

Punktwertung

Ein Feldkorb zählt zwei Punkte, bei Abwurf hinter der 6,25-m-Linie drei Punkte, ein erfolgreicher Freiwurf zählt einen Punkt.

Spielzeit

Die Spielzeit beträgt zweimal 20 Minuten mit zehn Minuten Halbzeitpause. Bei den Minis und in der D-Jugend wird viermal zehn Minuten mit zehn Minuten Halbzeit- und drei Minuten Viertelzeitpause gespielt. Bei Punktgleichstand am Ende der Spielzeit wird so lange um jeweils fünf Minuten verlängert, bis ein Sieger feststeht.

Anzahl der Spieler

Auf dem Feld befinden sich jeweils fünf Spieler jeder Mannschaft. Im Wettkampf kommen pro Mannschaft fünf Auswechselspieler hinzu.

Sprungball (Schiedsrichterzeichen: Abb. 121)

Jedes Spiel beginnt mit einem Sprungball. Der Ball wird zwischen zwei Spielern hochgeworfen. Jeder Spieler darf diesen maximal zweimal tippen (Fangen ist nicht erlaubt!), nachdem der Ball den höchsten Punkt erreicht hat.
Sprungball gibt es:
- zu Beginn jeder Halbzeit im Mittelkreis;
- bei Halteball, das heißt, zwei Gegner halten den Ball so fest, daß er nicht gespielt werden kann;

- bei Doppelfoul (siehe Fouls);
- bei Ausball, wenn nicht feststeht, welche Mannschaft den Ball ausgespielt hat oder wenn zwei Spieler aus verschiedenen Mannschaften gleichzeitig zuletzt am Ball waren;
- wenn sich der Ball zwischen Ring und Brett verklemmt hat, im Freiwurfsprungkreis.

Die Sprungbälle nach Halteball, Doppelfoul und Ausball werden im Mittel- oder Freiwurfkreis durchgeführt, je nachdem, in welcher Sprungkreisnähe sie verursacht worden sind.

Abb. 121

Ausball

Der Ball ist aus, wenn er den Boden außerhalb des Spielfeldes oder die Linien berührt. Er ist ebenfalls aus, wenn ein Spieler, der sich außerhalb des Spielfeldes oder auf einer der Linien befindet, den Ball berührt.

Fußspiel

Das absichtliche Spielen des Balles mit dem Fuß ist nicht erlaubt. Die Gegenmannschaft erhält den Ball zum Einwurf, eine neue 30-Sekunden-Periode beginnt.

Einwurf

Nach Regelverstößen wird der Ball hinter der Seitenlinie, auf der Höhe, auf der der Regelverstoß verursacht wurde, oder nach einem Korberfolg hinter der Grundlinie eingeworfen. Nach einem Ausball wird der Ball dort eingeworfen, wo er ins Aus gegangen ist, ausgenommen direkt hinter dem Spielbrett. Die Ausführung ist freigestellt.

159

Rückspiel

Ist der Ball einmal über der Mittellinie im Vorfeld, darf er nicht wieder ins Rückfeld zurückgespielt werden (s. auch Abb. 2, S. 8). Es gilt auch als Regelübertretung, wenn sich nur ein Fuß des Spielers im Rückfeld befindet oder die Mittellinie berührt. Bei Regelübertretung gibt es Einwurf an der Mittellinie für die Gegenmannschaft, der im Vorfeld ausgeführt werden muß. Der Ball darf von hier aus nicht mehr ins Rückfeld gespielt werden.

Fortbewegung mit dem Ball

Ein Spieler darf sich mit dem Ball unter Beachtung der folgenden Einschränkungen in jede Richtung fortbewegen:

1. Erhält ein Spieler den Ball im Stand, darf er mit einem Fuß beliebig viele Kontakte in alle Richtungen machen (Sternschritt), der andere Fuß (Stand- oder Pivotfuß) muß jedoch am Boden bleiben. Zu Beginn eines Dribblings darf der Spieler nicht das Standbein heben, ehe der Ball das erste Mal den Boden berührt hat.

2. Erhält ein Spieler den Ball in der Bewegung (Paß) oder beendet sein Dribbling, darf er maximal zwei Kontakte ausführen, um zu einem Stopp zu kommen oder den Ball loszuwerden (d. h. zu passen oder zu werfen).

3. Ist ein Spieler aus der Bewegung mit ein oder zwei Kontakten zum Stand gekommen, darf er sich nur mit Hilfe des Sternschrittes bewegen. Das heißt: Er darf den zweiten Kontakt beliebig häufig wiederholen, indem er sich um das Standbein (erster Fußkontakt) auf der Stelle dreht. Stoppt ein Spieler in Schrittstellung, ist der *erste* Fuß, der nach Erhalt des Balles den Boden berührt, das

Abb. 122

Standbein. Bei einem parallelen (gleichzeitigen) Stopp kann der Spieler das Standbein frei wählen (darf aber nicht zwischendurch wechseln!). Erhält ein Spieler den Ball im Stand, ist das Standbein ebenfalls beliebig (s. oben).

Nach jedem Schrittfehler (Schiedsrichterzeichen: Abb. 122) gibt es Einwurf für die gegnerische Mannschaft.

Doppeldribbling (Schiedsrichterzeichen: Abb. 123)

Ein Spieler in Ballbesitz darf sich nur mit einhändigem Dribbeln fortbewegen. Wie viele Schritte er zwischen den Bodenberührungen des Balles macht, ist dabei unerheblich; er darf mit der rechten und linken Hand beliebig abwechselnd dribbeln. Ein Dribbling ist in dem Augenblick beendet, in dem der dribbelnde Spieler den Ball in einer oder beiden Händen zur Ruhe kommen läßt.

Nach Beendigung eines Dribblings darf der Spieler nicht erneut dribbeln. Ein derartiger Regelverstoß, wie auch das gleichzeitige Dribbeln mit beiden Händen, wird als *Doppeldribbling* abgepfiffen, die gegnerische Mannschaft erhält Einwurf von der Seitenlinie.

Abb. 123

Zeitregeln

Es werden die Drei-, Fünf-, Zehn- und 30-Sekunden-Regel unterschieden.

Drei-Sekunden-Regel (Schiedsrichterzeichen: Abb. 124)

Ein Spieler der angreifenden Mannschaft darf sich nicht länger als drei Sekunden in der gegnerischen Zone aufhalten. Nach einem Korbwurfversuch beginnt eine neue Drei-Sekunden-Periode.

Fünf-Sekunden-Regel

Ein nahbewachter Spieler, der den Ball hält, muß den Ball innerhalb von fünf Sekunden abspielen, auf den Korb werfen oder dribbeln.
Ein Einwurf muß innerhalb von fünf Sekunden ausgeführt werden.

Zehn-Sekunden-Regel

Der Spielball muß von der angreifenden Mannschaft innerhalb von zehn Sekunden vom Rückfeld ins Vorfeld gespielt werden.

30-Sekunden-Regel

Innerhalb von 30 Sekunden muß die Mannschaft in Ballkontrolle auf den gegnerischen Korb werfen. Hat der Ball die Hand des werfenden Spielers verlassen, beginnen die 30 Sekunden von neuem.

Bei allen Regelverstößen gibt es Einwurf für die gegnerische Mannschaft.

Abb. 124

Fouls

Es gibt persönliche Fouls (direkter Kontakt mit dem Gegner) und technische Fouls (unsportliches Verhalten).

Persönliches Foul (Schiedsrichterzeichen: Abb. 125)
Ein persönliches Foul ist die körperliche Behinderung eines Gegners. Man unterscheidet Verteidiger- und Angreiferfouls. Zum Beispiel: Ein typisches Verteidigerfoul liegt vor, wenn der Abwehrspieler in den Dribbelweg des Angreifers läuft und es zum Körperkontakt (Stoßen, Rempeln, Ausstrecken der Arme oder Knie) kommt. Oder: Spieler A 1 wirft auf den Korb, B 4 schlägt ihm bei der Verteidigung auf den Wurfarm. Auf Angreiferfoul muß entschieden werden, wenn ein Dribbler auf einen Verteidiger in legaler Verteidigungsposition (s. S. 94, 95) aufläuft oder beim Rebound einen stehenden Verteidiger anspringt.

Je nach Spielsituation gibt es unterschiedliche Strafen:
- Foul an einem Spieler, der nicht in der Wurfbewegung ist: Die gefoulte Mannschaft erhält Einwurf von der Seite. Hat die foulende Mannschaft in einer Halbzeit mehr als sieben Fouls, gibt es generell zwei Freiwürfe (ausgenommen: Angreiferfoul).
- Foul an einem Spieler in der Wurfaktion: Bei erfolgreichem Wurf zählt dieser und es gibt noch einen Bonuswurf von der Freiwurflinie für den gefoulten Spieler. Bei einem Fehlwurf innerhalb des Drei-Punkte-Raumes erhält der Spieler zwei, außerhalb dieses Raumes drei Freiwürfe zugesprochen.

Abb. 125

Unsportliches Foul

Ein unsportliches Foul ist ein persönliches Foul, das vorsätzlich ausgeführt wird. Der foulende Spieler hat häufig keine Chance, den Ball zu spielen. Zum Beispiel: Spieler A 3 dribbelt allein auf den Korb zu und will mit Korbleger abschließen. Spieler B 2 folgt ihm, hat jedoch keine Chance mehr, den Ball zu spielen und rempelt Spieler A 3 von hinten, so daß dieser in seiner Wurfaktion behindert wird. Als Strafe erhält der gefoulte Spieler zwei beziehungsweise drei Freiwürfe und zusätzlich einen Einwurf an der Mittellinie, außer der Korbwurf ist erfolgreich (Korb zählt, Bonusfreiwurf, Einwurf Mittellinie).

Doppelfoul

Zwei gegnerische Spieler foulen sich gegenseitig (zeitgleich). Hier wird auf Sprungball zwischen den beteiligten Spielern am nächsten Sprungkreis entschieden.

Disqualifizierendes Foul

Bei wiederholtem unsportlichem Foulspiel kann ein Spieler disqualifiziert werden. Er wird vom Platz gestellt und darf nicht mehr eingesetzt werden. Für einen disqualifizierten Spieler kann ein Ersatzspieler eingewechselt werden.

Technisches Foul

(Schiedsrichterzeichen: Abb. 126)
Hier findet kein Körperkontakt statt, sondern es werden das «Meckern» oder ähnliche unsportliche Aktionen bestraft. Man unterscheidet das Foul eines Feldspielers von dem des Trainers oder der Spielerbank.
Im ersten Fall gibt es zwei Freiwürfe für die gegnerische Mannschaft, im zweiten zwei Freiwürfe und einen anschließenden Einwurf an der Mittellinie.

Abb. 126

Freiwurf

Allgemein gilt: Der gefoulte Spieler führt die Freiwürfe selbst aus (bei Verletzung übernimmt sein Ersatzspieler diese Aufgabe). Zwei Mitspieler (A) und drei Gegenspieler (V) des Freiwerfers stellen sich (wie in Abbildung 36, S. 64 gezeigt) am Rand der Zone auf, alle anderen treten hinter die Drei-Punkte-Linie zurück. Nach dem letzten Freiwurf geht das Spiel wie folgt weiter: Bei einem Fehlwurf kann der Ball von beiden Mannschaften reboundet werden, nach einem Treffer erhält die gegnerische Mannschaft den Ball zum Einwurf hinter der Grundlinie. Die Spieler dürfen erst die Zone betreten, wenn der Ball die Hand des Werfers verlassen hat.

Kampfgericht und Schiedsrichter

Jedes Basketballspiel leiten zwei Schiedsrichter und das Kampfgericht (Anschreiber, Zeitnehmer, 30-Sekunden-Zeitnehmer). Die Schiedsrichter ahnden Regelverstöße jeglicher Art. Ein Zeitnehmer überwacht die Spielzeit, ein weiterer ist für die 30-Sekunden-Überschreitung zuständig, die durch ein Signal angezeigt werden muß. Der Spielverlauf wird vom Anschreiber protokolliert.

Streetball ←- - - -

Aus der Halle auf die Straße

Vor gut 100 Jahren wurde in den USA von Dr. James Naismith eine Sportart für die Halle entwickelt, die die Winterzeit in anderen Sportarten (Fußball, Rugby, Hockey) überbrücken sollte. Die Idee war ein Spiel, bei dem viele Sportler gleichzeitig aktiv sein konnten, das attraktiver als Gymnastik und Turnen und nicht so hart wie Fußball und Hockey sein sollte. So wurden Regeln aufgestellt, nach denen der Ball nicht mit den Füßen bewegt oder mit diesem unter den Arm geklemmt gelaufen werden durfte. Grobe Fouls sollten verhindert werden. Das betont körperlose Spiel war geboren. Als Ziel dienten zwei an gegenüberliegenden Wänden angebrachte Körbe.

Obwohl diese neue Form eines Mannschaftsspiels schon einige Jahre später internationalen Anklang fand und auch in Deutschland erprobt wurde, sind die Amerikaner nach wie vor die Stars des Basketballspiels. Seit den Olympischen Spielen in Barcelona und dem Auftreten des «Dream Teams», einer Auswahl der besten Spieler aus der amerikanischen Profiliga NBA, ist Basketball zum absoluten Renner auch hier in Deutschland geworden. Hinzu kam der überraschende Sieg der deutschen Nationalmannschaft bei den Europameisterschaften 1993.

Bisher eher ein Stiefkind unter den Mannschaftsspielen, versucht sich plötzlich jedes Kind und jeder Jugendliche mit dem orangen Ball. Konnte man diese Sportart bisher fast nur in höheren Schulen, Universitäten und organisierten Vereinen spielen, gibt es jetzt überall Sportler, die sich auf Freiplätzen, Schul- und Hinterhöfen mit dem Spiel auf an Wänden angebrachten Körben beschäftigen. Was sich in den USA schon lange Jahre besonders in Armenvierteln und Ghettos als Zeitvertreib entwickelt hat, beginnt hierzulande ein neuer Boom zu werden: Streetball. Im Gegensatz zu den Jugendlichen in den Ghettos, die das Nacheifern ihrer Stars aus der Profiliga als eine Chance sehen, ihrem Elend zu entkommen, ist für die Teenies hier die neue Form des Basketballspiels eher eine Demonstration jugendlichen Lebensgefühls. Die von Sportartikelherstellern veranstalteten Turniere haben ein besonderes Flair. Laute Rap- und Hip-Hop-Musik sind genauso Bestandteil wie lässige Klamotten und «cooles» Auftreten aller Beteiligten. Mittlerweile finden Turniere in fast jeder größeren Stadt statt. Zunehmend organisieren jedoch auch freizeitpädagogische Institutionen, wie Jugendämter, Sportjugend, Diakonien usw., Streetball-Turniere. Streetball hat dermaßen an Popularität zugenommen, daß erstmalig in den Wintermonaten, parallel zum offiziellen Spielbetrieb, «Indoor-

Streetball»-Turniere veranstaltet worden sind. Bundesligamannschaften erhoffen sich durch die tagsüber durchgeführten «three-on-three»-Wettkämpfe in gleicher Halle eine größere Zuschauerresonanz bei ihren abendlichen Meisterschaftsspielen.

Gerade die unkonventionelle Art Sport zu treiben, ohne Vereinsstruktur und geregeltes Training, lockt die «kids» zwischen 8 und 15 Jahren zu den Körben auf die Straße. Training, wo immer, wann immer und mit wem immer man will. Streetball ist zu einer festen Institution geworden, Streetball ist «in».

Es gibt jedoch positive und negative Seiten. Der Sport wird professionell vermarktet. Kaum ein Jugendlicher besitzt nicht wenigstens mehrere Streetball-T-Shirts, -Shorts und -Kappen mit den unterschiedlichsten Motiven oder Kopien der Originalkleidung der NBA-Clubs. Von teuren Sportschuhen ganz zu schweigen. Der Konsum ist grenzenlos. Es muß alles «big» und «cool» sein. So machen sich die Hersteller die Turniere zunutze und bieten alles an, was zu dieser Lebensart dazugehört, vom Ball bis zu den «socks». Nicht zu vergessen die Musik, um das richtige «feeling» zu erreichen.

Andererseits ermöglicht Streetball einer großen Gruppe von Kindern und Jugendlichen, sich frei in der Sportart zu entfalten, Basketball nach amerikanischem Vorbild zu lernen und überall auszuüben. Eine ideale Möglichkeit, ohne strenges festgelegtes Training und mit nur wenigen Regeln aktiv zu sein. So wurde zu der eingeschränkten Hallen- und Übungsleiterkapazität der ideale Ausgleich geschaffen. Durch die begrenzte Spielerzahl läßt sich ein «match» schon mit zwei oder vier Spielern bestreiten. Die Kinder und Jugendlichen lernen, sich durchzusetzen und mit allen erdenklichen Tricks ihr Ziel zu erreichen. Es geht zwar nicht immer völlig körperlos zur Sache, jedoch lernen die Spieler schnell, sich mit ihrem Gegner auseinanderzusetzen und Fouls zu bewerten. Allein schon das Ziel, den Korb zu erreichen und Punkte zu erzielen, bringt sie dazu, die verschiedensten Wurftechniken, Finten und Dribbelkünste zu üben, üben, üben – auch ohne die kontrollierte Aufsicht eines Trainers. Waren die Spieler bis dahin anspruchsvoll, wollten eine Halle mit allem erdenklichen Komfort, genügt jetzt schon ein Korb irgendwo an einer Wand.

Viele Streetballspieler sind auch in Sportvereinen aktiv. Man kann jedoch Verhaltensunterschiede feststellen. So beschweren sich Streetballer weniger oft über Schiedsrichterentscheidungen, Körperkontakte werden eher hingenommen. Sie setzen sich besser durch, das «one-on-one» ist energischer und kreativer. Ansonsten gibt es keinerlei Konflikte zwischen Streetball- und Basketballspielern, da die grundlegenden Regeln wie Schrittfehler, Dribbling, Fouls usw. identisch sind. Auch ist die auf den Freiplätzen übliche Mann-Mann-Verteidigung bei Jugendlichen im

Vereinssport mittlerweile vorgeschrieben. Die bei jüngeren Spielern eher statische Ball-Raum-Verteidigung ist nicht anzutreffen. Der Übergang vom 1–1 über 3–3 zum 5–5 ist nur eine Erweiterung der Spielerzahl.

Im Verein ist der Übungsleiter und Coach gefordert, das freie Spiel zu unterstützen und die für das Spiel 5–5 nötigen taktischen Anforderungen zu ergänzen, ohne die bereits neu erlernten und geübten Tricks und Korbwurfvarianten zu unterbinden. Gerade diese machen aus einem Jugendlichen einen individuellen, kreativen, weniger angepaßten Spieler, der versucht, sich von der Masse abzuheben. Streetball muß vom Verein genutzt werden, die Motivation zu erhöhen und die Faszination des Spiels lange zu erhalten.

Streetball hat seine eigene Sprache

Airball
Beim Wurf auf den Korb berührt der Ball weder Brett noch Ring

All Day
Spieler, der immer trifft

Alley Oop
Angreifer wirft den Ball im hohen Bogen in unmittelbare Korbnähe. Ein Mitspieler nimmt den Ball im Sprung auf und macht den Punkt

Apple (auch Money, Pill, Rock)
Der Ball

Assist
Genauer Paß, der zum Korberfolg führt

At the Line
Von hier erfolgen die Freiwürfe

Backdoor
Ein Angreifer bewegt sich hinter seinem Gegenspieler zum Korb hin

Bake
Überspielen eines Gegners

Big Points
Punkte, die in den letzten Sekunden des Spiels erzielt werden

Block shot
Abblocken eines Wurfversuchs

Bogart
Power move in Richtung Korb

Boogie
Energisches Dribbeln

Booyaa
Dunk auf einen Gegner schmettern

Box (auch Death Valley, Office, Paint)
Freiwurfraum unter dem Korb

Box out
Ausblocken des Gegners nach erfolgtem Wurf zur Reboundsicherung

Brick
Ohne Spin geworfener erfolgloser Wurf gegen Brett oder Ring

Bump
Versperren des Laufweges eines Angreifers

Butcher (auch Hacker)
Unfair hart spielender Verteidiger

Butter
Weicher Wurf aus geringer Entfernung

Can
Wurf hinter der Distanzzone

Center
Langer Spieler unter dem Korb

Change of hands
Wechsel der angreifenden Mannschaft nach Korberfolg, Ballverlust («steel»), Ausball oder Defensivrebound

Charging
Angreiferfoul durch Auflaufen auf den stehenden Verteidiger

Check
Freigabe des Balles vor jedem Angriff durch Berühren eines Gegners

Cup
Der Korb

Cut
Schneiden zum Korb

Deal
Phantasievolles Passen

Defense
Verteidigung

Dish
Kurzer, schneller Paß, zumeist aus dem Drive zum Korb

Double Figures (auch Triple double)
Erzielt Spieler, dem zehn oder mehr Punkte, Rebounds oder Assists gelingen

Double team
Doppeln von zwei Verteidigern gegen einen Angreifer

Downtown (auch Outfront)
Raum außerhalb der Distanzlinie

Drive
Kraftvolles, energisches Dribbling zum Korb

Dunk (auch Throwdown)
Stopfen des Balles von oben in den Korb, auch «Slam Dunk», wenn dabei die gesamte Anlage zum Vibrieren gebracht wird

Eraser (auch Glass Cleaner, Windex)
Spieler, der aufs Blocken von Würfen spezialisiert ist

Fake
Finte

Fast break
Schnellangriff

Fadeaway
Wurf, bei dem der Werfer vom Verteidiger weg nach hinten springt, um auch gegen größere Gegner erfolgreich zu punkten

Forward
Flügelspieler

Game point
Treffer, der zum Spielgewinn führt

Garbage
Freier Ball oder Rebound, der zu einem einfachen Wurf aus nächster Nähe genutzt wird

Garbage Time
Letzte Minuten des Spiels, wenn klare Sieger und Verlierer längst feststehen und auch Ersatzspieler zum Zuge kommen

Get in the Shirt
Besonders intensive Man-to-Man-Verteidigung

Give and Go
Paß zum Mitspieler und anschließendes Bewegen in Richtung Korb, um den Ball in Nahdistanz zurückzuerhalten

Go Coast-to-Coast
Solo über das ganze Feld

Guard (auch point guard)
Aufbauspieler

Gunner
Guter Werfer

High Post
Position des Angriffsspielers an der Freiwurflinie

Hookshot
Hakenwurf

Iceman
«Cooler», besonders nervenstarker Spieler

Jump shot (auch Bus stop, the «J»)
Sprungwurf aus dem Stand oder nach Dribbling

Kicks
Turnschuhe

Layup
Korbleger

Lightbulb Changer
Spieler, der extrem hoch springen kann

Low Post
In Brettnähe positionierter Centerspieler

Man-to-man defense
Mann-Mann-Verteidigung

Mombo
Tanzähnliche Reihe von Finten

Money Time (auch Point Game)
Letzte Spielsekunden

Move (siehe auch Power move)
Eine besonders auffällige Bewegung auf dem Spielfeld

Nag
Coach

No Harm, no Foul
Hartes Spiel, in dem der Schiedsrichter viel durchgehen läßt. Steigerung «No blood, no foul» oder für die ganz Harten «No autopsy, no foul»

No-look pass
Paß zum Mitspieler, ohne diesen anzusehen

One-on-one
Eins gegen eins

Pick
Block

Pick and roll
Blocken und Abrollen

Pistol
Sehr guter Paßspieler

Pivot
Sternschritt

Playing time (PT)
Spielzeit

Point Guard
Aufbauspieler

Pop
Plötzlicher Sprungwurf

Power forward
Starker Flügelspieler, auch guter Rebounder

Pump
Finte, bei der der Wurf nach oben angetäuscht wird; wenig erfolgreicher Spieler

Rainbow (auch Skywalker)
Sprunggewaltiger Spieler

Rattle
Erfolgreicher Wurf, der gegen die Innenseite des Ringes prallt

Rebound
Der vom Korb abprallende Ball

Recover
Zurück zum eigenen Gegenspieler, nach Doppeldeckung bei der Man-to-Man-Verteidigung

Rocker Step
Finte, bei der der ballführende Spieler das vorgetäuschte Abstoppen durch Schaukelbewegung im Oberkörper verstärkt

Rub in
Fast verunglückter Dunk

Rub off
Abstreifen des Gegners am Block

Run and gun
Schnellangriff mit abschließendem Wurf

Score
Spielstand oder Treffer

Scorer
Spieler, der Punkte erzielt

Screen
Stellen eines Wurfschirms vor dem Verteidiger eines Mitspielers

Shake and bake
Geschickte Täuschung eines Angreifers mit anschließendem Vorbeiziehen am Verteidiger

Shooting Guard
Rückraumspieler und bester Werfer seiner Mannschaft

Slab
Spielfeld

Spin
Rückwärtsrotation des Balls

Steal (auch Rip)
«Stehlen» des Balles vom Gegner

Strong Side
Angriffsseite

Swish
Treffer ohne Brett- und Ringberührung, «String Music» ist das Geräusch des Balls, wenn er durchs Netz geht

Switch
Übernehmen eines Angreifers, der freigeblockt wurde

Tailor
Erfolgreicher Rebounder

Three-on-three
Drei gegen drei

Three sixty (auch whirly bird)
Slam Dunk mit 360°-Drehung

Time out
Auszeit

Tip in
Den vom Brett oder Ring abprallenden Ball direkt aus der Luft in den Korb tippen

Toilet seater (auch Flush oder Victory Lap)
Treffer, bei dem der Ball erst einige Male auf dem Ring kreist, bevor er durch das Netz fällt

Top scorer
Spieler, der die meisten Punkte in einem Spiel gemacht hat

Turnover
Verteidigende Mannschaft hat den Ball erobert

Traveling
Schrittfehler

Trim
Wurf

Weak Side
Angriffsseite, auf der sich der Ball nicht
befindet

Zebra
Schiedsrichter mit gestreiftem Hemd

Das spezielle Regelwerk

Die folgenden Regeln sind Grundlage für den Deutschen Basketballbund, Änderungen des Regelwerkes (z. B. Spielzeit) können je nach Veranstaltung oder Veranstalter vorgenommen werden.

Gespielt wird auf einen Korb, das Spielfeld ist ein halbes Basketballfeld oder zwischen 10 x 10 m bis 13 x 13 m groß. Die Distanzlinie ist 6,25 m vom Korb entfernt (Abb. 127).

Eine Mannschaft besteht aus drei Feldspielern und einem Auswechselspieler, die beliebig ein- und ausgewechselt werden können.

Oberste Devise ist das «Fair Play». Schiedsrichter gibt es nicht, Fouls müssen von dem Verursacher selbst angesagt werden. Eine unparteiische Person, der sogenannte «Court-Beobachter», führt Protokoll über das Ergebnis und schlichtet bei Unstimmigkeiten.

Gespielt wird, bis eine Mannschaft 16 Punkte erzielt hat oder 20 Minuten abgelaufen sind. Die Zeit ist durchlaufend, wird also nicht, wie beim Original Basketball, z. B. bei Ausball gestoppt.

Jeder Angriff beginnt hinter der Distanzlinie. Der Ballbesitzer muß zuerst den Ball von seinem Gegner berühren («checken») lassen, bevor der Angriff gestartet werden kann.

Ein Angriff sollte nicht länger als 30 Sekunden dauern. Zeitspiel ist unfair! Werden die 30 Sekunden überschritten, erfolgt Wechsel des Ballbesitzes.

Distanzlinie

Abb. 127

Ein Korbversuch darf erst dann unternommen werden, wenn mindestens zwei Spieler der angreifenden Mannschaft Ballkontakt hatten.

Ein erfolgreicher Wurf zählt einen Punkt, bei Abwurf hinter der Distanzlinie zwei Punkte. Die Füße des Werfers dürfen die Distanzlinie beim Abwurf nicht berühren.

Wird ein Spieler im Wurf gefoult und trifft, zählt der Korb, und die gegnerische Mannschaft erhält den Ball hinter der Distanzlinie.

Nach jedem Korberfolg wechselt der Ballbesitz, ebenso bei Ballverlust («steal»), Ausball oder Defensivrebound. Der Ball wird anschließend von der Distanzlinie aus ins Spiel gebracht (vorher «checkt» ein Gegenspieler der ballbesitzenden Mannschaft den Ball).

Statt eines normalen Sprungballs erhält grundsätzlich die verteidigende Mannschaft den Ball.

Die Mannschaften können sich auch während des Spiels jeweils einmal in einer Auszeit (60 Sekunden) beraten. Die Spielzeit wird in diesem Fall nicht angehalten. Bei «Time Outs» in den letzten drei Spielminuten wird die Uhr gestoppt.

Die Streetball-Technik

Die grundlegenden Techniken im Streetball (Werfen, Passen, Dribbeln, Rebound usw.) unterscheiden sich nicht von den Techniken des Basketballspiels. Jedoch ist alles erlaubt, was zum Korberfolg führt. Beim Streetball gibt es nicht nur den bekannten Korbleger («Layup»), sondern viele Tricks und Variationen nach dem Motto: «Je spektakulärer, desto besser!»

So sieht man beim Streetball zusätzlich «Reverse-Layups» (s. Abb. 88), Korbleger mit 360°-Drehung (s. Abb. 90), «Power-Layups» und «Hookshots» (Hakenwürfe). Beim Power-Layup springt der Werfer mit beiden Beinen gleichzeitig kraftvoll ab, ehe er den Ball im Korb versenkt. Der Power-Layup wird häufig direkt nach einem Offensivrebound ausgeführt oder wenn ein zum Korb ziehender Spieler den Ball in direkter Korbnähe an seinen gut postierten Mitspieler «abgibt». Ebenso kann ein Sprungwurf («Jump shot») mit einer 360°-Drehung durchgeführt werden, oder der Werfer springt gegen einen größeren Verteidiger vom Verteidiger nach hinten weg («fade-away»-Sprungwurf), um den Abstand zwischen Verteidiger und Wurfhand zu vergrößern.

Jeder Anfänger muß jedoch wissen, daß er gewisse Grundlagen beherrschen muß, um darauf aufbauend Variationen und Tricks zu lernen und einzuüben. Ein Spieler kann noch so oft den Ball um den Körper oder durch die Beine kreisen lassen, er wird sein Ziel nicht erreichen, wenn er nicht in der Lage ist, die wesentlichen technischen Elemente des Korbwurfes auszuführen. Dribbel-, Paß- und Wurffinten («fakes», s. auch Techniktraining) sind ebenfalls nur dann effektiv, wenn sie exakt und glaubhaft ausgeführt werden. Beherrscht ein Spieler die Grundfertigkeiten, erkennt er die jeweilige Spielsituation und kann situationsangemessen handeln, sind der eigentlichen Ausführung kaum noch Grenzen gesetzt.

Die Streetball-Taktik

Beim Streetball kommt der Individual- und der Gruppentaktik aufgrund der geringeren Spielerzahl eine größere Bedeutung zu als der Mannschaftstaktik. Verteidigungssysteme oder abgesprochene Spielzüge im Angriff spielen im Streetball keine Rolle. Häufig entstehen 1–1-Situationen, die – optimal gelöst – mit einem 1–0 zum Korb enden. Deshalb muß sich jeder Spieler mit Ball korbgefährlich machen. Zu diesem Zweck nimmt er nach Ballerhalt eine Position ein, aus der er sowohl passen, dribbeln als auch werfen kann («SPD-Position»; shoot, pass, dribble). Je nach Abwehrhaltung seines Verteidigers muß der Angreifer lernen, die Situation schnell einzuschätzen und richtig zu handeln. So wird er bei größerem Abstand des verteidigenden Spielers sofort auf den Korb werfen, bei enger Verteidigung mit einem Dribbling an diesem vorbeiziehen oder einen Mitspieler möglichst in Korbnähe anspielen.

Um gegen eine gute Abwehr erfolgreich zu sein, ist ein koordiniertes Zusammenspiel der drei Angreifer unbedingt notwendig. Folgende Möglichkeiten werden unterschieden:

Give and Go (s. Einheit 8)

Ein Angreifer in Ballbesitz paßt zu seinem sich anbietenden Mitspieler. Anschließend versucht er, sich von seinem Gegenspieler zu lösen, um möglichst in eine 1–0-Situation zu gelangen. Erhält er im richtigen Moment den Paß zurück, kann er frei zum Korb ziehen. Um sich freizulaufen, hat der Angreifer zwei Möglichkeiten: Er kann sich vor (Schneiden zum Korb, «Cut») oder hinter dem Gegenspieler (Schneiden im Rücken, «Backdoor gehen») freilaufen.

Dreiecksspiel

Die Grundaufstellung ist ein Dreieck (ein Aufbau und zwei Flügel oder ein Aufbau, ein Flügel und ein Center). Dadurch hat der Spieler mit Ball immer zwei Anspiel- oder Paßmöglichkeiten. Wichtig ist, daß die Spieler auf Positionen stehen, von denen sie sicher auf den Korb werfen können. Schnelle Pässe und häufiges Wechseln der Positionen ergeben oft die Chance zum freien Wurf auf den Korb.

Blocken und Abrollen (s. Einheit 11)

Um eine enge Mann-Mann-Verteidigung auszuschalten, bietet sich die Möglichkeit des Blockspiels («pick and roll»). Bei einem direkten Block wird der ballbesitzende Spieler freigeblockt und kann direkt zum Korb ziehen oder, wenn die Abwehr «switch» spielt, den abrollenden Mitspieler anspielen. Bei einem indirekten Block blockt ein Angreifer einen Mitspieler ohne Ballbesitz frei. Anschließend bewegt sich der freigeblockte Spieler Richtung Korb und kann dort ein Anspiel erhalten.

Abstreifen (s. Einheit 9)

Mit Hilfe der Technik des Abstreifens schaltet ein Angreifer seinen direkten Gegenspieler aus, indem er eng an einem Mitspieler vorbeiläuft oder -dribbelt, so daß sein Verteidigungsspieler hängenbleibt.

Das Trainingsprogramm

Auch beim Streetball gilt nicht ausnahmslos die Regel «Spielen lernt man nur durch Spielen». Es ist zwar nicht nötig, jede Technik in ihrer Feinstform zu beherrschen, doch es ist erfolgversprechender, und das Spielen macht mehr Spaß, wenn man seine Technik verbessert. Zu diesem Zweck sind im folgenden einige Übungen für unterschiedliche Spielerzahlen aufgeführt, mit dem Ziel, grundlegende Techniken und Taktiken des Streetballs zu trainieren.

Ein Spieler mit einem Ball

❶ Korbwürfe und Korbleger mit Rebound;

❷ Korblegertricks (s. Techniktraining): 360°-Drehung, Wurf rückwärts, Unterhandkorbleger antäuschen, dann doch normal ausführen oder umgekehrt;

❸ Dribbelfinten: von vorne und hinten durch die Beine, hinter dem Rücken, Reversedribbling.

Zwei Spieler mit einem Ball

❶ Spieler 1 macht einen Korbwurf und holt anschließend den Rebound. Er paßt den Ball zu seinem Mitspieler und sucht sich eine neue Position. Variationen:
· Dribbeln, Stoppen, Korbwurf;
· Dribbeln, Stoppen, Sternschrittauflösung, Wurf;
· Korbleger.

❷ wie 1 mit Verteidiger; der jeweilige Spieler ohne Ball wird zum Verteidiger. Der Angreifer muß entscheiden, ob er auf den Korb wirft (Verteidiger greift nicht druckvoll genug an) oder einen Korbwurf antäuscht, um dann zum Korb zu ziehen (z. B. Korbleger).

❸ 1–1 ab Distanzlinie:
· ohne Vorgabe;
· mit der Vorgabe, auf einer Spielfeldlängshälfte zu bleiben.

❹ Aufstellung wie in Abbildung 128, Spieler 1 dribbelt zur Endlinie, Spieler 2 läuft zur Endlinie des Streetballfeldes. Haben beide ihre Position erreicht, paßt Spieler 1 den Ball zu Spieler 2, schneidet dann in Richtung Korb, erhält einen Paß und hat folgende Abschlußmöglichkeiten, je nachdem, in welcher Entfernung zum Korb der Paß erfolgt:

- Korbleger ohne Dribbling;
- Korbleger nach einem Dribbling;
- Korbleger nach mehreren Dribblings (Anwendung von Dribbelfinten);
- Stopp mit anschließendem Korbwurf.

Anschließend werden die Seiten gewechselt.

Drei Spieler mit einem Ball

❶ «Give and Go»: Aufbau- und Flügelposition sind besetzt. Der Aufbauspieler hat einen Gegenspieler. Der Aufbau paßt den Ball zum Flügel und läuft sich zum Korb hin frei, bekommt einen Paß und schließt mit Korbwurf oder Korbleger ab. Dann wird gewechselt: Der Flügel wird Aufbau, der Verteidiger geht auf die Flügelposition, der Aufbauspieler wird neuer Verteidiger. Die Übung ist ebenfalls von anderen Positionen aus durchzuführen, z. B. Brettcenter oder Flügelspieler mit einem Verteidiger + Aufbau, Postspieler mit einem Verteidiger + Flügel.

❷ Jeder spielt gegen jeden auf einen Korb, nach Fehlwurf kann der reboundende Spieler sofort wieder auf den Korb werfen. Auch nach Korberfolg geht das Spiel weiter; jeder Treffer zählt einen Punkt.

Abb. 128

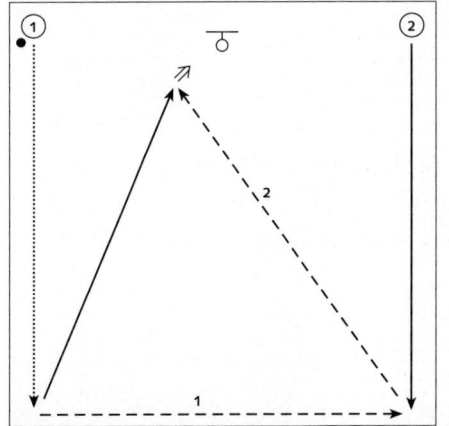

Abb. 129

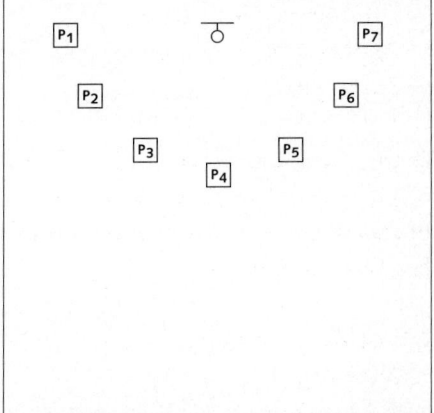

Wurfspiele (s. auch Einheit 1)

Sieben Positionen (s. Abb. 129), wer trifft, darf von der nächsten Position einen weiteren Korbwurfversuch ausführen, wer hat zuerst von allen Positionen getroffen?

Streetball bietet viele Vorteile

Basketball auf der Straße boomt wie nie zuvor. Hiervon profitieren nicht nur die Sportartikelfirmen, die für das nötige «Outfit» sorgen, sondern auch die Vereine und damit der Basketballsport an sich. Steigende Mitgliederzahlen in den Basketballabteilungen sowie eine erhöhte Zahl teilnehmender Mannschaften am organisierten Spielbetrieb sprechen für sich.

Aber Streetball hat außer den genannten noch weitere positive Seiten: Diese beziehen sich direkt auf die Übungs- und Trainingspraxis in Schule und Verein. Das nicht nur in der Anfängerschulung so bedeutsame Spiel 3–3 kann jetzt als 3–3 nach Streetballregeln oder generell als Streetball verkauft werden. «Three-on-Three» ist «in», und während bisher Schüler und Vereinsspieler möglichst schnell 5–5 spielen wollten, sind auch sie vom Streetballfieber ergriffen und leicht für ein Spiel 3–3 zu motivieren.

Gerade im Anfängerbereich ist das vereinfachte Spiel 3–3 eine gute Möglichkeit, die Spieler auf das komplexe Spiel vorzubereiten. Beim Streetball kommt es nicht ständig zu Spielunterbrechungen, da das komplizierte Regelwerk mit Schrittfehler und Doppeldribbling eher locker gehandhabt wird. Gerade dadurch, daß für Streetball keinerlei Vorgaben durch einen Trainer gegeben werden, können die Spieler Kreativität entwickeln. Sie sind während der gesamten Trainingsdauer beschäftigt und lernen eigenverantwortlich zu handeln. Außerdem wird dadurch, daß ohne Schiedsrichter gespielt wird, das Gespür für übertriebene Härte entwickelt und die Fouls sollen selbst angesagt werden. Des weiteren führt der häufige Wechsel des Ballbesitzes (nach Korberfolg, Fehlwurf, Ausball usw.) zu einer Gleichverteilung der Spielanteile. Das «Checken» des Balls bringt Ruhe ins Spiel und führt zu einem geordneten Spielaufbau. Alle Spieler sind am Spiel beteiligt, da vor einem Korbwurfversuch mindestens zwei Spieler der angreifenden Mannschaft Ballkontakt gehabt haben müssen. Streetball erhöht die Chancengleichheit für Mannschaft und Spieler.

Anhang ←---

Literaturverzeichnis

Deutscher Basketball Bund e. V. (Hrsg.): Offizielle Basketballregeln 1994–1998. Karlsruhe 1994.

Hagedorn, G./Niedlich, D./Schmidt, G. (Hrsg.): Basketball-Handbuch. Reinbek 1988.

Hirtz, P.: Koordinative Fähigkeiten im Schulsport: vielseitig, variationsreich, ungewohnt. Berlin 1985.

Konzag, I./Konzag, G.: Basketball spielend trainieren. Berlin 1991.

Kozocsa, I.: Basketball-Lehrbuch Bd. 1. Methodik der Technik und Übungsformen für Schule und Verein. Stuttgart 1979.

Kozocsa, I.: Basketball-Lehrbuch Bd. 2. Methodik der Vortaktik mit Übungsformen für Schule und Verein. Stuttgart 1982.

Kozocsa, I.: Basketball-Lehrbuch Bd. 3. Methodik der Taktik mit Übungsformen für Schule und Verein. Böblingen 1985.

Neumann, H.: Basketballtraining. Taktik, Technik, Kondition. Aachen 1990.

Neumann, H.: Streetball Know How. Hamburg 1993.

Roth, K.: Wie verbessert man die koordinativen Fähigkeiten? In: Bielefelder Sportpädagogen: Methoden im Sportunterricht. 2. neubearbeitete Auflage. Schorndorf 1993 a, 85–97.

Roth, K.: Wie lehrt man schwierige geschlossene Fertigkeiten? In: Bielefelder Sportpädagogen: Methoden im Sportunterricht. 2. neubearbeitete Auflage. Schorndorf 1993 b, 27–47.

Steinhöfer, D.: Basketball in der Schule. Münster 1991.

Stiehler, D./Konzag, I./Döbler, H.: Sportspiele. Berlin 1988.

Strathmann, J.: Basketball. Streetball. München 1994.

Wooden, J. R.: Practical Modern Basketball. New York 1980.

Mit besonderem Dank an:

Prof. Dr. Klaus Roth für zahlreiche Hilfestellungen und weiterführende Anregungen, vor allem in den theoretischen Teilen.

Karl-Heinz Held, Birgit Herold, Burkhard Pommerening und Michael Wellner für die praktische Überprüfung des Konzepts in Schule und Verein sowie wertvolle Hinweise für die Übungsauswahl und -beschreibung.

Frank Rogall und Wolfgang Temme für die Fotoarbeiten.

Andreas Schlüer für die zeitaufwendige Durchsicht des Manuskriptes und viele Verbesserungsvorschläge.

Henning Harnisch, Alexandra Lachut, Oliver Ruprecht, Falko Schmidt, Gunnar Sprengel, Jonas Stenzel, Romina Stiller, Gesine Werner, Marko Wiebesiek und Melda Yigit für ihre Geduld und ihr großes Engagement bei den Fototerminen.

Die Autorinnen

Dr. Elisabeth Sahre, Jahrgang 1963, ist Studienrätin an einem Gymnasium in Bielefeld. Nach dem Studium der Fächer Sport und Mathematik war sie von 1987 bis 1991 als wissenschaftliche Mitarbeiterin an der Universität Bielefeld (Abteilung Sportwissenschaft) tätig. 1992 promovierte sie dort. 1993 legte sie ihr zweites Staatsexamen ab und war 1994 bis zum Antritt der Schulstelle wissenschaftliche Mitarbeiterin an der Universität Osnabrück (Fachgebiet Sport und Sportwissenschaft). Seit 1989 liegen u. a. Veröffentlichungen aus den Bereichen der Sportpsychologie sowie der Bewegungs- und Trainingslehre mit dem Schwerpunkt Basketball vor. Als aktive Basketballerin, Trainerin und Schiedsrichterin ist sie seit vielen Jahren in der Sportlehrerausbildung und Lehrerfortbildung tätig.

Gudrun Pommerening, Jahrgang 1961, ist Diplom-Sportlehrerin an einer Rehaklinik in Bad Oeynhausen. Nach dem Studium an der Deutschen Sporthochschule Köln und dem Studium der Biologie an der Universität Köln und Bielefeld war sie für ein Jahr als Erzieherin und Lehrerin im Fach Sport an einem Schweizer Internat tätig. Von 1990 bis 1994 arbeitete sie als Lehrbeauftragte für Basketball an der Universität Bielefeld. Es folgte eine Zusatzausbildung zur Sporttherapeutin. Sie war lange Jahre aktive Spielerin, Trainerin und Schiedsrichterin im Basketball.